Peter Hofacker / Mathias Wolf
Labyrinthe – Ursymbole des Lebens

Die Seele im Welt-Labyrinth.
Kupferstich von Boethus von Bolswart (1632)

Peter Hofacker / Mathias Wolf

Labyrinthe

Ursymbole des Lebens

Werkbuch für Gemeinde, Gottesdienst und Schule

HERDER

FREIBURG · BASEL · WIEN

Umschlagmotive:
Vorderseite: Piroska Jàvor, Labyrinth. © VG Bild-Kunst, Bonn
Rückseite: P. Michael Hermes OSB, Labyrinth. © Benediktinerabtei Königsmünster, Meschede

Redaktion: Judith Sixel
Satz: Barbara Herrmann, Freiburg
Druck und Bindung: fgb · freiburger graphische betriebe 2002
www.fgb.de
Gedruckt auf umweltfreundlichem, chlorfrei gebleichtem Papier
Printed in Germany

ISBN 3-451-27410-8

Inhalt

Vorwort

»Auch wir halten uns an diese Grundform des Labyrinthes, die geometrische Form und Bewegungsfigur, die uns Symbol ist, eine Idee, die in unserem Gedächtnis verknüpft ist mit Gestalten und Geschichten, die vom Leben erzählen, vom geheimnisvollen, vom schrecklichen und herrlichen Leben.«[1]

Ein Symbol, das vom Leben erzählt in all seinen Höhen und Tiefen, das kann das Labyrinth sein. Ungeheuer vielseitig, immer wieder von Neuem die Phantasie anregend, bietet es die Möglichkeit, über das Sichtbare hinaus Unsichtbares in den Tiefenschichten der Welt und des Ichs zu entdecken, und nimmt seine Besucher mit auf diese Reise.

Von einigen Stationen dieser wundersamen und verwandelnden Reise möchten wir in diesem Buch berichten. Das sind keine Rastplätze, an denen man sich nur noch bedienen müsste, es sind vielmehr Orte, die durch den Besucher gestaltet sein wollen. In diesem Sinne legen wir ein Werkbuch vor. Jeder und jede muss sich selbst und anderen die Reise ins Labyrinth erarbeiten. Zugleich werden die Reisenden auch bemerken, wie sie selbst unverhofft mitgenommen, ja vielleicht auch mitgerissen werden.

Es ist eine durchaus mühsame, aber zugleich lohnende Reise, die so gar nicht in das Angebot der Alles-inklusive-Versprechen der üblichen Reiseveranstalter passt. Nicht das schnelle, mühelose Ankommen lässt sich hier erleben, sondern eher, der großen Tradition der Labyrinthe entsprechend, die schrittweise Annäherung. In einer Gesellschaft, der schnelles Überwinden von Distanzen zum höchsten Wert geworden ist, kann das Labyrinth so ein heilsam bremsendes Symbol sein. Es lädt ein, immer wieder zu verweilen.

Neben kurz gefassten, grundlegenden Überlegungen zu Symbolen im Allgemeinen und der Bedeutung und Geschichte des Symbols Labyrinth im Besonderen legen wir

[1] Jaskolski, 41.

im Werkstattkapitel Bausteine für die praktische Anwendung dieses Symbols vor. Dabei knüpfen wir vor allem an die große Tradition der christlichen Deutung des Labyrinths an.

Wir danken an dieser Stelle allen, die uns selbst mitgenommen haben auf die Reise in die Welt eines faszinierenden Symbols und die so an der Erstellung dieses Werkes ihren je eigenen Anteil haben.

Peter Hofacker, Mathias Wolf

Thematische Erschließung

Symbole – Bilder unseres Lebens

Symbole sind für jeden von uns von tiefer Bedeutung. Sie stehen am Anfang unserer Entwicklung und prägen von daher unsere künftige Welterschließung. Symbole sind aber nicht nur für das Kleinkind und dessen Weltbild wichtig, sie haben zugleich eine gesellschaftliche Bedeutung. Diese soziale Dimension verleiht ihnen auch eine bleibende Bedeutung über die Lebensgeschichte des Individuums hinaus.

Symbole und ihre Deutung helfen uns, die Welt zu verstehen und sich in dieser Welt zu Hause zu fühlen. Deshalb ist auch das Symbol »Labyrinth« für die Arbeit mit Kindern und Jugendlichen besonders geeignet. Denn mit ihm wird ein Grundthema ihrer Entwicklung angesprochen: die Suche nach einem Ort zum bzw. im Leben.

Mit Symbolen die Welt verstehen

Nicht allein die vordergründige, greifbare, verstandesmäßig erfassbare Welt bestimmt unsere Existenz. Die Grenzen technischer Welterschließung zeigen: Mit naturwissenschaftlichem Wissen, so qualifiziert und reichhaltig es auch sein mag, kann das Gesamt der Welt und des Menschen weder erfasst noch gestaltet werden. Postman bemerkt treffend über die Schulerziehung, dass sie »im besten Sinne lehren kann, wie man lebt, was etwas ganz anderes ist als die Frage, wie man seinen Unterhalt verdient.«[1]

Immer bleibt eine andere, tiefer liegende Dimension der Wirklichkeit. Sie weist auf den inneren Zusammenhang der Dinge hin. In diesen Bereich gehört das Symbol. Denn nicht der Graben zwischen Natur und Mensch, nicht deren Gegenüberstellung wird der Welt gerecht, sondern beider Zusammenschau.

---

1 Postman, 10.

Symbole machen sensibel für das Durchleuchten der Wirklichkeit. Sie ermöglichen Erfahrungen, die nicht auf Begriffe und Formeln rückführbar sind. Symbole befähigen dazu, das Innere des Menschen in Verbindung zu bringen mit dem Außen – seiner Umwelt. Der Mensch erfährt sich so als in dieser Welt beheimatet. Eine Wechselwirkung zwischen seiner Außen- und Innenorientierung wird erreicht.[1]

Symbole eröffnen nicht nur tiefere Dimensionen der Welt, sondern sie können auch ein Fenster zur Seele des Menschen sein. Überwiegend unbewusste Inhalte und psychische Vorgänge beherrschen das Innenleben des Menschen. Bilder, Archetypen und Symbole erfassen und verarbeiten die Wirklichkeit des Unbewussten. Diese »innere« Sprache bedarf der Tradierung, Pflege und Schulung wie die menschliche Sprache überhaupt. Ansonsten wird der Verlust der Bilder und Rituale mit seelischer Verkümmerung bezahlt. Mit der Zerschlagung der symbolischen Bilderwelt geht zugleich die Verkarstung der Seele, eine »innere Unbehaustheit« einher.[2]

Das Symbol kann aber nicht nur den Weg zum Unbewussten eines Menschenbahnen, sondern es ist zugleich Ausdruck des kollektiven Unbewussten. Menschheitsgeschichtlich geht die unbewusste Erfassung der Wirklichkeit der bewusst-gedanklichen voran. Geistiges tritt zunächst gegenständlich auf. Der Mensch ist mit der Welt und der Gruppe, in der er lebt, verschmolzen. Differenzierungen entwickeln sich erst später. So kann das Symbol – als Sprache des Unbewussten – als primärer Erkenntnismodus gelten.

Im Laufe der Menschheitsgeschichte entwickeln sich elementare Symbole, Ursymbole. Sie sind in der Regel mit den Grundelementen menschlicher Existenz wie Wasser, Erde usw. verbunden und bringen kollektive, allen Menschen gemeinsame Erfahrungen zum Ausdruck.

Ursymbole enthalten Jahrtausende alte Erfahrungen und Reflexionen im Umgang der Menschen mit der Welt und untereinander. Sie bilden einen enormen Wissensschatz.

---

1 Vgl. hierzu Halbfas, Auge, 117.

2 Vgl. Halbfas, Auge, 113.

Diese Grundsymbole unterliegen als psychische Realitäten dem geschichtlichen Wandel. Zum einen sind sie an jene Geisteswelt gebunden, in der sie entstanden, zum anderen wurden und werden sie geschichtlich vermittelt. Dabei kann sich der Inhalt der Symbole wandeln, nicht aber deren Struktur.

Grundsymbole ermöglichen Orientierung, vor allem Orientierung in der Zeit. Im Symbol werden Zeitdimensionen vermittelt: Die archaische Tiefe wird mit einer noch offenen Zukunft verbunden. So ist der Mensch mit seinen Symbolen in die Spanne von Vergangenheit und Zukunft eingewoben.

Symbole geben die unbewusste Lerngeschichte der Menschheit wider. Symbolisch verschlüsselte Erfahrungen aus Urzeiten werden mit den Erfahrungen der individuellen Vergangenheit und Gegenwart aufgefüllt. Gerade Menschen in (Lebens-)Krisen bedürfen einer solchen Regression in Urzeiten und zugleich in ihre eigene Vergangenheit, um nicht ohne Halt in die Zukunft zu gehen. Symbole werden so auch zu einem Entwurfsrahmen für eine neue Zukunft. Als offenes Sinnangebot stellen sie ein vorstrukturiertes Assoziationsspektrum zur Verfügung, ohne Lösungen vorzuschreiben.[1]

Darüber hinaus ist Symbolen eigen, dass sie mehrere Wirklichkeitsbereiche vereinen. Alles wird mit dem Ganzen verbunden, ohne dass es zum Verschmelzen oder zu gänzlicher Verwirrung käme. Die Vielfalt wird auf eine einzige »Situation« zurückgeführt, die Komplexität verringert, und zugleich wird die Mannigfaltigkeit durchsichtiger, transparent gemacht. Gegenstände hören auf, nur das zu sein, was sie alltäglich sind. Sie werden eingeordnet in ein Sinnsystem. Von daher kann gesagt werden, dass echte Symbole mit Sinn konfrontieren.[2] Die Tiefe des Symbols eröffnet ein umfassendes, vielschichtiges Angebot zur Beschäftigung mit der Frage nach Sinn und Orientierung. Die Lebenssituation des Menschen und die Fülle des Symbols werden miteinander verbunden.

---

1 Vgl. Halbfas, Auge, 118 f.

2 Vgl. Biehl in: Oelkers/Wegenast, 125.

Die Religion und das Symbol

Die vorangegangenen Ausführungen lassen schon die enge Verbindung von Symbol und Religion erahnen. Tatsächlich bekommen Symbole im Kontext der Religion eine ganz besondere Gewichtung.

Bevor Religion in Worte gefasst wurde, war das Symbol. So lässt sich der Einsicht P. Tillichs nur zustimmen, »dass die Sprache des Glaubens das Symbol ist.«[1] Religion, der Glaube kommen im Symbol selbst zu Wort, nicht in der Theologie. So bemerkt Halbfas: »Nicht die diskursive Sprache der Theologien vermittelt ... die Welt der Religion, sondern der authentische religiöse Ausdruck: das Symbol. Im Symbol ist die Religion präsent, darin verleiblicht sie sich, wird sie interagierend erfahrbar.«[2]

Natürlich bedarf das Symbol auch der Sprache, gerade im religiösen Bereich, im Christentum zumal. Der reiche und verborgene Sinn im Symbol ist auf klärende Worte hin angelegt. In Worten lässt sich die Welt immer wieder aufgreifen und kann schließlich zu einer Vergegenwärtigung des Heiligen werden. Mitteilung gehört zum Grundwesen der Religion, gerade in den großen Offenbarungsreligionen.

Vor allem im Horizont des christlichen Glaubens gewann das »Wort« in Verbindung mit dem »Symbol« eine große Bedeutung. Die ersten in kurze Worte gefassten Glaubensbekenntnisse der Christen wurden, dem antiken Sprachgebrauch entsprechend, »symbola«, Symbole, genannt. In menschlichen Worten ist hier etwas ausgesagt, was eigentlich nicht sag- und fassbar ist: die Heilstat Gottes an den Menschen in Jesus. Christus selbst ist der »logos«, das Wort Gottes des Vaters in dieser Welt.[3] Der Logos ist die unüberbietbare Selbst-Aussage Gottes: Er ist das Ur-Symbol, das Innere und doch vom Symbolisierten verschiedene, von ihm

---

1 Tillich, 145.

2 Halbfas, Auge, 113.

3 Vgl. hierzu die Logos-Theologie des Johannes-Evangeliums, vor allem Joh 1,1–17 und Joh 14,6–10.

selbst gesetzte Symbol, in dem der Symbolisierte sich selbst ausdrückt und sich so selbst hat.[1] Im Mensch gewordenen Logos als dem absoluten Symbol Gottes in der Welt ist Gott anwesend als der, der er für uns ist, und als der, der er für sich ist.

So sind letztlich alle christlichen Symbole auf Christus hinweisende Symbole. Von Christus her ist auch die Kirche Symbol: Sie ist Real-Symbol[2] der Gegenwart Christi. Die Sakramente schließlich konkretisieren und aktualisieren diese Symbolwirklichkeit der Kirche als des Ursakraments, des Real-Symboles, auf das Leben des einzelnen Menschen hin. Im Symbol des Sakramentes tritt das Heil Gottes am Menschen in die raumzeitliche Geschichtlichkeit ein, wird am Menschen wirksam, setzt sich selbst.

Die Welt des Symbols ist entscheidend mit dem christlichen Glauben von seinen Anfängen bis heute verbunden. Grundlegende theologische Wahrheiten und Wirklichkeiten könnten nicht erfasst werden, wenn man sie nicht als Symbol verstehen würde.

Was ist ein Symbol?

Symbole sind also wichtige Bestandteile menschlicher Erkenntnis und Welterschließung in einem umfassenden Sinne. Aber was verbirgt sich eigentlich hinter dem Begriff »Symbol«? Was ist mit ihm gemeint?

Etymologisch leitet sich das Wort vom griechischen Verb »symballein«, zusammenwerfen, -fügen, -flechten usw., ab. Symbole waren in der Antike Kennzeichen der Zusammengehörigkeit. Der auseinander gebrochene Ring, durch dessen erneutes Zusammenfügen die Nachkommen zweier Freunde sich voreinander ausweisen konnten; das gemeinsame Mahl; das Zusammentreffen von Flüssen; Erkennungs-Orakel oder Kriegszeichen … all dies meint das Wort Sym-

---

1 Vgl. Rahner, 275–311.
2 Vgl. auch hierzu Rahner.

bol im Altertum. Das Wort bezeichnet immer eine Synthese, ein Zusammenfallen von zweien zu einer Einheit.

Der Begriff findet auch Eingang ins Christentum. Die christlichen »sumbola« sind Ausdruck des gemeinsamen Glaubens. Als »regula fidei brevis«, als Glaubensbekenntnisse, verleiblicht sich in ihnen die Glaubenswahrheit in Menschenworten.[1]

Definieren lässt sich der Symbol-Begriff letztlich nicht. Denn dies hieße, ihn festzulegen, ihn in eine rational exakt fassbare Begrifflichkeit zu bringen. Gerade diesem Zugriff jedoch widersetzt sich das Symbol: Es übersteigt jede gegenständlich begreifbare Realität. Im Symbol vergegenwärtigt sich das Transzendente im konkret Gegebenen. Das Symbol verweist nicht, sondern es bringt sinnfällig zur Gestalt und zur Anwesenheit, was es symbolisiert. Unbegreifliches wird im Konkreten gegenwärtig.

»Gegenstand« der Erfahrung ist also nicht das Symbol, sondern das, was sich in ihm symbolisiert.[2] Ein Symbol ist so lange Symbol, wie diese Differenz zwischen Symbol und Symbolisiertem besteht. Wird das Symbol mit dem Symbolisierten identisch, führt dies zu einer zeichenhaften oder magischen Umdeutung des Symbols und letztlich zu dessen Verlust. Das Symbol wird zum »Idol«. Kommt andererseits die reale Anwesenheit des Symbolisierten im Symbol vor, wird das Symbol zum Zeichen, zur »Chiffre«.[3] Das Symbol unterscheidet sich vom Zeichen (als weiterem und formalerem Begriff) durch eine größere »Nähe« zum Gemeinten.

Demnach verweist das Symbol also nicht bloß auf ein anderes, sondern in ihm setzt sich eine Wirklichkeit. Sie setzt sich im von sich selbst Verschiedenen und ist darin da, ohne in ihm aufzugehen.

Symbole entziehen sich der Machbarkeit und Herstellbarkeit. Rationale Funktionen erweisen sich als unfähig, Symbole hervorzubringen, sie bringen ihrerseits nur wieder Ra-

---

1 Vgl. Handbuch der Pastoraltheologie, 551.
2 Vgl. Handbuch der Pastoraltheologie, 550.
3 Vgl. hierzu Splett, 190.

tionales hervor. Symbole werden vielmehr aus verschiedenen Kräften des Geistes geformt: Bewusstes und Unbewusstes, Vorbildliches und Urbildliches wirken zusammen.

Voraussetzung für die Entstehung des Symbols ist die einübende Wiederholung, sowohl individuell in den ersten Lebensjahren als auch kollektiv über die Geschichte hinweg. So sind Symbole auch geschichtlich, denn sie können veralten oder leer werden. Symbole treten außer Kraft, sobald sie nicht mehr gemeinschaftlich erfahren, das heißt »vollzogen« werden. Solche abgelebten Symbole lassen sich nicht wiederbeleben. Im Glücksfall treten andere Symbole an ihre Stelle.

Symbole sind weder mit dem Verstand herstellbar noch alleine mit ihm erkennbar. Ein Erkenntnissinn jenseits des Rational-Gegenständlichen ist vonnöten.[1] Nur so eröffnet sich der Blick für die Tiefendimension des Sinngehaltes eines Symbols. Wobei hier in Abgrenzung zu Halbfas bemerkt werden muss, dass es nicht um ein Ent-decken des Symbols beziehungsweise des Symbolisierten gehen kann. Denn die Trennung zwischen Symbol und Symbolisiertem würde das Symbol zerstören, dessen Merkmal ja gerade das »In-eins-Fallen« bzw. »Zusammenfallen« von beidem ist. Deshalb darf ein Symbol als solches nicht aufgelöst und aufgeklärt werden, es muss vielmehr mittels des »Dritten Auges« als solches wahrgenommen, bewahrt und verinnerlicht werden. Nicht der Zugriff des Erkennens, sondern das Sich-ergreifen-Lassen und Anerkennen ist angebracht.

Das Symbol vergegenwärtigt im Teil auch das Ganze der Welt und Weltdeutung. Symbole verraten – wie eingangs bereits bemerkt – immer auch etwas über die kosmologische Sicht der Menschen. Der Mensch kann sich mittels ihrer als hineingestellt in den Kosmos und seine Kräfte verstehen. Alle Dimensionen des Wirklichen können ergriffen und gestaltet werden. So geben bis ins Hohe Mittelalter hinein Symbole Zeugnis von der universalen Schau des Menschen,

---

[1] Halbfas spricht hier vom »Dritten Auge«, vgl. sein gleichnamiges Buch, 86.

der Natur und der Geschichte. Im menschlichen Leib als Symbol z. B. werden alle Zusammenhänge und Geheimnisse des Kosmos erfahren und erkannt. Die wissenschaftlich-technisch eingerichtete Welt stößt im Symbol an die Grenzen ihrer Erkenntnis.

Dies ist aber nur eine Dimension des Symbols. Hier bleibt kritisch immer wieder anzumerken, dass es bei der Beschäftigung mit Symbolen nicht darum gehen kann, zu einer mystisch-naiven Einheitsschau der Welt zu gelangen. Das Symbol – gerade im christlichen Sinn – will zum einen den einzelnen Menschen ernst nehmen und zum anderen auf eine grundlegende Differenz innerhalb der Welt verweisen. Den Einzelnen ernst nehmen, weil immer das Subjekt es ist, das sich Symbole aneignet, seien es auch vorgegebene. Auf eine grundlegende Differenz der Welt verweisen, weil uns in dieser Welt immer Sinnhaftes begegnet, das zugleich sinnhaft ist und auch nicht. Der dialektische Aspekt der Welt, das »Ja« und zugleich auch »Nein« bzw. »Nicht«, wird durch den Umgang mit Symbolen bewusst gehalten. Denn über die sinnliche Dimension hinaus haben Symbole – gerade das macht sie ja aus – weitere Dimensionen, die es zu bewahren und zu verinnerlichen gilt.

So lässt das Symbol die Um-Welt in einem anderen Licht erscheinen: Nicht nur das Vordergründige ist real, sondern auch das Hintergründige, das nicht sofort ins Auge fällt. Vielleicht kann der Umgang mit Symbolen dazu dienen, mit dieser Welt behutsamer umzugehen und sie nicht nur als das zu sehen, was sie auf den ersten Blick zu sein scheint.

Geschichte eines Symbols

Ein Labyrinth kann nicht auf Anhieb verstanden und in seiner Tiefe erfasst werden. Zu viele verschiedene Verwendungs- und Deutungsformen begleiten diese Figur über ihre 5000-jährige Geschichte hinweg. Zum Verständnis ist es daher unabdingbar, diese Geschichte – wenn auch im Zeitraffer – auf sich einwirken zu lassen.

Die folgende Einführung in die Geschichte des Symbols versteht sich als ein Angebot. Das erforderliche geschichtliche Wissen und verschiedene Deutungsformen der jeweiligen Zeit wurden miteinander vereint, um dem Interessierten einen ersten Überblick und Anregungen zu geben. Zur (notwendigen) Vertiefung sei auf das Standardwerk »Labyrinthe« von H. Kern[1] oder die handliche Zusammenfassung von H. Halbfas[2] verwiesen.

Was ist ein Labyrinth?

Ein Labyrinth ist eine geometrische Figur mit runder oder rechteckiger Begrenzung nach außen. In ihr finden sich zahlreiche Gänge, die so angeordnet sind, dass auf kleinstmöglichem Raum ein größtmöglicher Weg untergebracht ist. Der Weg zwischen den Umgrenzungen beginnt mit einer kleinen Öffnung an der Außenmauer und führt nach vielen Umwegen, die zum Abschreiten des ganzen Innenraums nötigen, ins Zentrum. Auf diesem Weg gelangt man zwangsläufig zur Mitte – zugleich auch dem Ende des Weges. Die einzige Sackgasse eines Labyrinths liegt in seinem Zentrum. Dort muss die Gehrichtung geändert werden, um die Außenwelt wieder errei-

1 Kern, Labyrinthe (Dieses Standardwerk ist mittlerweile in einer preiswerten Sonderausgabe auf dem Markt zu haben.).

2 Halbfas, Lehrerkommentar, 496–510.

chen zu können. Der Weg führt automatisch ins Zentrum; es gibt keine Möglichkeit der Wahl.

Das Labyrinth ist am ehesten zu verstehen, wenn man es von oben betrachtet – als Grundriss. Wesentlich sind hierbei nicht die Mauern; ihre Funktion liegt nur in der Abgrenzung des Weges – gewissermaßen als choreographische Fixierung. Das Labyrinth unterscheidet sich vom *Irrgarten* dadurch, dass es keine Sackgassen gibt. In einem Labyrinth gibt es keinen Weg, der in die Irre führt. Es gibt nur einen Weg, und dieser führt bis zum Ziel und wieder zum Ausgang.

Der vermutete Ursprung dieser Figur liegt im Tanz.[1] »Labyrinth« meinte ursprünglich einen Tanz, dessen Figur später nicht mehr verstanden wurde. Eine als irreführend empfundene Figur, das Labyrinth, blieb übrig.[2]

Das antike Labyrinth

Das Labyrinth ist ein sehr altes Symbol. In fast allen Kulturen ist es beheimatet. In Europa und dem Mittelmeerraum finden wir es von Norwegen bis Kreta, von Spanien bis Ägypten. Darüber hinaus lassen sich Labyrinth-Vorstellungen in Indien, Java, Sumatra und im Südwesten Nordamerikas nachweisen.[3]

---

1 Wobei der Tanz seinerseits als ritueller Weg seine Wurzeln in magischen Weg-Bewegungen hat. Der Weg zu Heiligtümern, an denen Götter präsent sind oder zumindest Verbindung mit ihnen aufgenommen werden kann, ist Grund für den rituellen Tanz und damit auch für das Labyrinth. Die religiös-rituelle Dimension des Labyrinths ist so bereits durch die Herkunft über den Tanz begründet. Vgl. hierzu auch den Hinweis bei Jaskolski, 36.

2 Karl Kerényi, Labyrinth-Studien, 1941, war der Erste, der den Ursprung des Labyrinths im Tanz, als eine Art Tanzplatz, betont hat. Vgl. hierzu auch Kern, 13.

3 Wie konnte es zu solch einer (welt-)weiten Verbreitung kommen? Kern vertritt die These, dass die Labyrinth-Vorstellung – gerade aufgrund ihrer Komplexität – in einer bestimmten Kultur ausformuliert und anschließend verbreitet wurde. Er gibt aber zu bedenken, dass von fremden Kulturen nur Vorstellungen übernommen werden, die

Die älteste Labyrinth-Darstellung der Antike, die sicher datiert werden kann, stammt aus dem mykenischen Palast des Pylos, der 1200 v. Chr. niederbrannte. Tontäfelchen, die hierbei gehärtet wurden, tragen auf der Rückseite eine spielerische Labyrinth-Darstellung.

Die Entstehung des Labyrinthes reicht sehr weit zurück. Wenngleich die Anfänge nicht sicher datiert werden können, so sind sie doch vermutlich um 5000 v. Chr. anzusiedeln.

Am bekanntesten ist wohl das »Labyrinth« von Knossos auf der Insel Kreta (Griechenland) und die mit ihm verbundene Sage. Plutarch (gest. um 120 n. Chr.) überliefert sie in seiner Theseus-Biographie (Kapitel 15–21). Er greift dabei auf unterschiedlichste Vorlagen und Quellen zurück.

Der Mythos sei hier kurz erzählt:

> Minotaurus, der Sohn von Königin Pasiphae und König Minos auf Kreta, wurde als ungeheuerliches Wunderwesen geboren. Er hatte einen Stierkopf, war halb Mensch und halb Tier. Da war es leicht zu erraten, dass Minos nicht der leibliche Vater sein konnte: Pasiphae hatte sich in einen weißen Stier verliebt, und Minotaurus war das Ergebnis dieser Verbindung.
>
> Als hintergangener Ehemann wollte Minos dafür sorgen, dass dieses wundersame Wesen Minotaurus aus der Öffentlichkeit verschwand. Er beauftragte Daedalus, einen genialen Erfinder und Architekten der Zeit, ein Bauwerk zu konstruieren, das für den Stier-Menschen Gefängnis, Versteck und Tempel zugleich sein sollte. Daedalus entwarf das »Labyrinth«. Dessen verschlungene Wege führten zwangsläufig ins Innere, der Weg hinaus war aber so gut wie unmöglich zu finden.
>
> Wie geplant verschwand der unliebsame Minotaurus im Labyrinth und fand keinen Weg zurück. Fortan residierte er

---

dort bereits in Vorstufen vorhanden sind. Es hat eine »Weiterentwicklung heimischer Vorstellungen am fremden Beispiel« (Kern, 21) stattgefunden.

dort im Inneren und erwartete Menschenopfer, die ihm als einem Wesen mit göttlichem Anspruch auch regelmäßig gebracht wurden.

Aus der Ehe von Pasiphae und Minos waren als weitere Kinder unter anderem Androgeos und Ariadne, gerühmt für ihre Schönheit, hervorgegangen. Der Sohn Androgeos kam bei einer seiner Heldentaten im Kampf mit einem Stier ums Leben. In seiner Verzweiflung gab Minos dem König von Athen die Schuld daran. So führte er Krieg gegen Athen. Er unterwarf die Stadt und forderte einen hohen Tribut: Sieben Jünglinge und sieben Jungfrauen sollten es sein, die in das berühmte »Labyrinth« des Minos eingeschlossen und dem wilden Stier darin, dem Minotaurus, vorgeworfen wurden. Alle neun Jahre kamen Abgesandte des Minos, um diesen auferlegten Tribut zu holen. Als der Tribut zum dritten Mal fällig wurde, stand Theseus, der Sohn des Königs von Athen, in der Volksversammlung auf und erklärte sich bereit, selbst nach Kreta zu gehen, um den Minotaurus zu bezwingen. Andernfalls war er bereit zu sterben. Als Theseus in Kreta gelandet war und vor König Minos erschien, verliebte sich dessen Tochter Ariadne in ihn. Sie schenkte ihm ein Fadenknäuel, dessen Ende er am Eingang des Labyrinths festknüpfen sollte. Dann könne er den Faden ablaufen lassen, bis er in die Mitte gelangt sei, wo das schlafende Ungeheuer hauste. Bald darauf wurde Theseus als Führer seiner Genossen in das Labyrinth geschickt. Er drang in die Dunkelheit und Wirrnis ein und arbeitete sich durch den Grabesschlund gedärmhaft verschlungener Wege. Im dunkelsten Grund der Höhle kämpfte er schließlich mit dem Ungeheuer – und besiegte es. Der abgespulte Faden der Ariadne aber leitete ihn auf dem Weg zurück, und er konnte mit neuer Kraft die Heimfahrt antreten.[1]

---

[1] In diesem von Plutarch überlieferten Mythos wird auf die minoische Kultur zurückgegriffen, deren Blütezeit von 2200 bis 1400 v. Chr. anzusetzen ist. Es handelt sich aber keineswegs um eine einheitliche Erzählung. Vielmehr sind viele verschiedene Quellen und Versionen, die bis zu einem Jahrtausend auseinander liegen können, darin verarbeitet. Auch andere antike Autoren kennen diesen Mythos bzw. weitere

Deutungsdimensionen des Labyrinths

Das Labyrinth eröffnet gleich auf mehreren Ebenen Gelegenheiten zur Deutung. Die elementarsten seien im Folgenden kurz benannt.

Von Kindern und Heranwachsenden

Kern hat darauf verwiesen, dass das Labyrinth den Übergang des Heranwachsenden zum vollmündigen Erwachsenen verkörpert, die *Initiation*, wie sie in allen Kulturen in besonderen Riten zu finden ist.[2]

Die Figur des Labyrinths gibt uns hier einigen Aufschluss: Ein Innenraum wird durch eine Trennmauer von seiner Umgebung isoliert. Es gibt nur einen einzigen, kleinen Eingang in das zunächst abschreckend kompliziert wirkende Innere. Um jene Figur zu verstehen und sich in sie hineinzuwagen, ist ein gewisser Grad an Reife notwendig. Mit Blick auf die komplizierte Bewegungsform in den Gängen ist darüber hinaus ein bestimmtes Maß an Körperbeherrschung erforderlich. Auf den Eintritt folgt das »Prinzip Umweg«: Der verfügbare Innenraum ist mit einem Maximum an Wegen ausgefüllt, das bedeutet ein Maximum an Zeitverlust und körperlicher Belastung. Man nähert sich dem Ziel immer wieder bis zum Greifen, wird aber mehrfach wieder weggeführt. Der Weg zum Zentrum lässt keine Wahl. Nur wer die Belastung durchhält, kommt zwangsläufig zur Mitte. Dort ist der Gehende allein mit sich. Er begegnet sich selbst, einem göttlichen Prinzip, einem Minotaurus oder wofür auch immer die »Mitte« stehen mag.

Die Umgänge zwingen ihn, diese Mitte von allen Seiten kennen zu lernen. Dies verweist auf etwas anderes: Erst wenn der Wandernde seine ganze Persönlichkeit eingebracht und sich so mit dem Labyrinth vertraut gemacht hat,

Geschichten rund um das Labyrinth (so z. B. Ovid, Metamorphosen, 152 ff.).

2 Vgl. Kern, 26 f.

wird ihm im Zentrum die Erkenntnis seiner selbst möglich sein. Mit der Mitte ist auch der Ort für eine Erkenntnis gemeint, die so tief greifend ist, dass sie einen grundsätzlichen Richtungswechsel verlangt. Wer das Labyrinth verlassen will, muss auf dem Absatz kehrtmachen und auf demselben Weg zurückkehren, den er gekommen ist. Diese Richtungsänderung von 180 Grad bedeutet größtmögliche Distanzierung von der eigenen Vergangenheit. Der Weg zurück ist nicht der gleiche wie jener hinein. Den Weg zurück geht ein Gewandelter, einer, der sich in einer neuen Weise seines »Seins« befindet. Dazwischen liegt eine zentrale Erfahrung: die Erfahrung von Umkehr, von Neubeginn. Eine neue Lebensphase hat für das ehemalige Kind begonnen: Er oder sie ist erwachsen.

Von Tod und Leben

Seit alters her symbolisiert das Labyrinth Tod und Wiedergeburt. Wer ein Labyrinth betritt, ist eingeschlossen, isoliert, abgeschlossen von der bisherigen Umgebung, er ist für sie gestorben. Einen Weg zurück gibt es nicht. Der Weg hinaus aus der bisherigen Existenz bedeutet eine Art Todesweg. So finden sich frühe Labyrinth-Darstellungen nicht zufällig gerade in Gräbern.[1] Der Tote kehrt zurück zur Erde, von der er entnommen wurde.[2]

Dabei steht hier die antike Vorstellung einer Unterwelt der Toten im Hintergrund. So ist nach dem Bericht des Vergil in der Aeneis (VI, 27) ein Labyrinth auf dem Apollon-Tempel von Cumae dargestellt.[3] Cumae ist jener Ort, an dem nach antiker Vorstellung eine riesige Grotte Schlund der Mutter Erde und Eingang in die Unterwelt war. Der

---

1 Kern, Abb. 76.

2 Dies korrespondiert mit der biblischen Sichtweise des menschlichen Todes: »Denn Staub bist du, zum Staub musst du zurück.« (Gen 3,19).

3 Daedalus, der Erbauer des Labyrinths, ist nach antiker Vorstellung auch der Erbauer dieses Tempels. Er fliegt mit Hilfe seiner legendären Wachsflügel an diesen Ort, nachdem sein Sohn Ikarus bei der Flucht abgestürzt und zu Tode gekommen war.

Weg nach innen ins Labyrinth bedeutet dann zugleich auch immer den Weg nach unten. Er symbolisiert die Änderung der Existenzform, verstanden als Durchgang zu einer ganz neuen Existenz: dem Leben, der Wiedergeburt.

Die christliche Übernahme des Labyrinths knüpft an diese Vorstellungen an. Interessanterweise finden sich Labyrinth-Vorstellungen gerade in solchen Kulturen, denen auch die Hoffnung auf ein Leben nach dem Tod zu Eigen ist.[1]

Von Liebe und Fruchtbarkeit

Den Weg aus dem Labyrinth heraus findet Theseus nur aufgrund des Fadens der Ariadne, die ihm aus Liebe diesen Weg eröffnet. Ariadne und Theseus begründen mit dieser Labyrinth-Erfahrung zugleich ihre Liebe.

Auf einer etruskischen Weinkanne (um 620 v. Chr.) findet sich eine Darstellung, die direkt neben dem trojanischen Labyrinth eine Beischlafszene zeigt.[2] Die erotische Dimension wohnt dem Labyrinth wohl von jeher inne. So verwundert es auch kaum, dass Labyrinth-Darstellungen der Antike oft mit Fruchtbarkeitsriten verbunden sind. Sie stehen in engem Zusammenhang mit dem Ursprung des Lebens. Der Tanz eines jungen Paares in das Labyrinth hinein gehört zu einem dieser Bräuche.[3] Die Irrungen und Wirrungen des Zueinanderfindens und der Partnerschaft zwischen Mann und Frau mögen in den verschlungenen Gängen des Labyrinths ihre Widerspiegelung finden.[4]

---

1 Vgl. Kern, 27 f.

2 Vgl. die Darstellung bei Jaskolski, 137.

3 Vgl. Kern, 28.

4 Dieser Mythos erzählt in Bildern, was Liebesgedichte des Alten Testamentes auf ihre Weise ausdrücken: Die »Liebe ist stark wie der Tod und Leidenschaft unwiderstehlich wie das Totenreich. Ihre Glut ist feurig und eine Flamme des Herrn, so dass auch viele Wasser die Liebe nicht auslöschen und Ströme sie nicht ertränken können.« (Hld 8,6 f.).

Von Städten und Häusern

Nicht nur das Zusammenleben von Mann und Frau wird mit dem Labyrinth in Verbindung gebracht, sondern auch das Zusammenleben der Menschen überhaupt. Bei Stadtgründungen – genauer: bei der Errichtung der Mauern – wurde das römische Trojaspiel mit seinen labyrinthischen Reitbahnen zelebriert. Es handelte sich um die »Geburt« eines Gemeinwesens. Der Abgrenzungsprozess betrifft nun das Gemeinwesen. Der Ritt in Labyrinth-Figur um die Stadtmauern soll deren Abwehrfunktion auf magische Weise verstärken.

So gut wie alle römischen Labyrinthe stellen befestigte Städte dar. Sie finden sich zudem oft in der Nähe des Hauseingangs. Zum Schutz vor bösen Geistern sind sie dort platziert.[1] Diesen Labyrinth-Darstellungen wohnt eine magische Schutzfunktion inne.

Von Erde und Himmel

Labyrinthe geben nicht nur Auskunft über das Zusammenleben der Menschen, sondern hinter ihnen verbergen sich immer auch Weltbilder. Die kreisförmigen, irreführenden Bewegungen der Gänge spiegeln kosmische Bewegungen wider. Die Bewegung im Labyrinth entspricht einer nicht näher beschreibbaren Bewegung von Himmelskörpern. Deren Lauf – für die Menschen der Antike nicht in Gesetzen fassbar – wird im Labyrinth vollzogen.

Die Nachahmung von Gestirnsbewegungen ist besonders eindrucksvoll, wenn wir uns vorstellen, dass sich Menschen in der Nacht mit Fackeln in der Hand tanzend in den Gängen des Labyrinthes fortbewegten.[2]

---

1 Dies deutet schon auf die Aufgabe der Labyrinthe an der West-, der Eingangsseite der Kirchen hin. Sie sollen den heiligen Raum von Bösem freihalten. Vgl. hierzu Kern, 29, 213.

2 Vgl. hierzu Kern, 30 ff.

Das Labyrinth im Christentum

Das Leben des Menschen und seine Beziehung zum Ganzen der Welt, zum Kosmos und schließlich auch zu Gott kann im Labyrinth eingefangen werden.

Das junge Christentum der Antike hat den Mythos von Ariadne und Theseus aufgegriffen, um mit ihm den Tod des Todes am Kreuz Christi zu verdeutlichen: Christus wurde als der neue, der wahre Theseus verehrt, der Überwinder des Todes. Er ist am Karfreitag in die Todesspirale hinabgestiegen, um Tod und Teufel zu besiegen. Dies verdeutlicht auf sehr anschauliche Weise das Bekenntnis des Credo über Christus, von dem es heißt: »descendit ad inferos« (er ist hinabgestiegen zu den Toten).[1] Zu Ostern führt er die im Tod eingeschlossenen Menschen heraus ans Licht. Christus kann diesen Weg weisen, weil er nicht nur Mensch, sondern auch Gott ist; seine Gotthaftigkeit kann als Ariadnefaden verstanden werden, der die Menschheit aus dem Labyrinth herausführt.

Zugleich wird das Labyrinth durch die christliche Übernahme zu einem Bild für die verschlungene, dem Bösen anheim gefallene Welt. Der Teufel des Todes findet sich im Zentrum und übt seine Macht aus. Der Faden der Ariadne, die göttliche Macht, führt zur endgültigen Erlösung der Welt und der Menschen. In diese Deutungsrichtung weist das älteste bekannte Labyrinth in einer Kirche, der Reparatus-Basilika von Orléansville (El Asnam, Algerien). Die Basilika stammt aus dem Jahre 324. In der Mitte dieser quadratisch-vierteiligen Labyrinth-Figur sind viele Male kreuzwortartig die Buchstaben SANCTA ECCLESIA angeordnet. Die Kirche ist das Heil brin-

---

1 So wird Christus auch mit den Menschen als Toten in letzter Konsequenz solidarisch und führt auch sie zur Gemeinschaft mit ihm. H. U. von Balthasar hat eine Theologie des »descensus ad inferos« (Hinabstiegs zu den Toten), eine Theologie des »Karsamstages«, entworfen; sie geht davon aus, dass auch jene, die sich der Liebe Gottes verschlossen haben, die »tot« sind, im Tod vor allem der Solidarität des toten Christus mit den Toten begegnen. Vgl. hierzu Kehl, 297; H. U. v. Balthasar, 223 ff. – auch Zulehner, 72, Fußnote 172.

gende Ziel auf dem Weg durch diese vom Bösen beherrschte Welt. Nur dieser eine Weg der Kirche führt zum Heil; Wahlmöglichkeiten oder Sackgassen fehlen im Labyrinth.

Der eine Weg des Labyrinths weist hin auf die Eindeutigkeit und Festigkeit der christlichen Heilslehre. Im (kirchlichen) Selbstverständnis des Mittelalters gab es eben nur einen Weg zum Heil. Mit der Zeit der Aufklärung verändert auch das Labyrinth seine Form: Es wird zum Irrgarten. Der Mensch kann wählen unter mehreren Wegen, sein Leben zu gestalten.

Waren in der heidnischen Antike Labyrinth-Darstellungen nur in profanen Gebäuden, nie in einem Tempel zu finden, so sind für die Zeit des christlichen Mittelalters – der eigentlichen Zeit der Kirchenlabyrinthe – keine Labyrinth-Darstellungen an oder in profanen Gebäuden nachweisbar. Dies deutet darauf hin, wieso gerade das antik-heidnische Symbol des Labyrinths Einzug in die Kirchen finden konnte. Es war eben – wie auch die Basilika (als antike Markthalle) – nicht heidnisch-religiös besetzt. In der bewussten Übernahme von profanen Symbolen und Räumen durch das Christentum findet eine deutliche Abgrenzung gegenüber den antiken Religionen statt.

Ungelöst bleibt bis heute das Rätsel, warum sich Kirchen-Labyrinthe im Wesentlichen auf Italien und Frankreich beschränken; nur einige wenige sind in England, ein weiteres ist in Nordafrika (jenes von Orleansville), eines in Deutschland zu finden (in St. Severin in Köln).

Offen ist auch die Frage, auf welchem Weg das Labyrinth aus der Antike in die Kirchen gelangte. Vermutlich lässt sich über mittelalterliche Handschriftenlabyrinthe eine Verbindungsbrücke ableiten. Der Haupttyp der späteren Kirchenlabyrinthe tritt dort seit dem zehnten Jahrhundert auf.[1]

Die Baumeister der mittelalterlichen Kathedralen öffnen dem Labyrinth die Kirchentüren. Vielleicht wollen sie damit an ihre eigene geniale Leistung erinnern. Denn die Labyrinthe verweisen allesamt auf ihren antiken Baumeister Daeda-

---

[1] Vgl. Kern, 139 ff.

lus, den begabten Erfinder und Techniker seiner Zeit. »Seht her, ein neues Haus des Daedalus!«, so kann der Appell der mittelalterlichen Baumeister gelautet haben.[1]

Das so genannte »Platten-Umgangs-Labyrinth« wurde zu einer der wichtigsten Ausstattungen großer Kathedralen der Gotik. Es handelt sich hierbei um Labyrinthe, in denen man – wie der Name schon vermuten lässt – umhergehen kann. Sie erreichen einen Durchmesser von zehn bis zwölf Metern und sind fast nur in Nordfrankreich zu finden. Mit weißen und blauschwarzen Platten wurden diese Labyrinthe auf dem Boden der Kirche verlegt, wobei der Weg schwarz oder auch weiß sein konnte. Die Grundanlage dieser Labyrinthe – deren bekanntestes Beispiel das Labyrinth von Chartres ist (s. Abb. 6 und 9) – ist schon aus Handschriften des zehnten Jahrhunderts und aus italienischen Kirchen des zwölften Jahrhunderts bekannt.[2] Wieso wurde hundert Jahre später im Nordosten Frankreichs – z. B. in Chartres, Auxerre und St. Quentin – die Größe dieses Labyrinths bis auf das Vierfache erweitert? Die Erklärung ist einleuchtend und wirkt heute doch befremdlich: Diese Umlauf-Labyrinthe dienten als Tanzform! Durch sie war es möglich, reale Bewegung herauszufordern und zu fixieren.[3]

Platten-Umgangs-Labyrinthe finden sich meist in der Nähe des Haupt- bzw. West-Portals der Kirchen. Der Eingang in das Labyrinth ist ausnahmslos nach Westen gerichtet. Christliche Kirchen wurden seit der Antike – sofern die örtlichen Gegebenheiten dies zuließen – in Ost-West-Richtung gebaut, dem Lauf der Sonne gemäß. Im Osten geht die Sonne auf; sie ist Symbol für die Auferstehung Jesu. So steht im Osten der Kirche der Chor mit Altar. Der Westen bildet die Eingangsseite der Kirchen, dort geht die Sonne unter. Der Kirchenbesucher tritt also aus der Dunkelheit mehr und mehr ans Licht. Oft finden sich über den Eingangsportalen große Darstellungen des Welt-

---

1 Vgl. hierzu Jaskolski, 42.

2 Vgl. hier die Darstellung aus Lucca, Dom San Martino, in der westlichen Vorhalle oder S. Pietro de Conflentu in Pontremoli.

3 Vgl. Kern, 216. So wurde zum Ursprung des Labyrinths zurückgefunden, vermutlich ohne dass man sich dessen bewusst war.

gerichts (vgl. z. B. Auxerre). Dies unterstreicht die Dunkelheit der Welt, des Eingangs.[1]

Die Kirche als Bauwerk stellt so den Weg des Menschen mit Gott dar. Der Eintretende wird mit hineingenommen in das Leben Christi und gelangt wie er vom Tod zur Auferstehung. »Wenn wir mit Christus gestorben sind, werden wir auch mit ihm leben« (2 Tim 2,11), heißt es im Neuen Testament.

Betrat man nun die Kirche von Westen und fand ein Boden-Labyrinth vor, so konnte der Besucher die Aufforderung leicht erkennen: nicht über das Labyrinth, über die Mauern hinweg zum Altar vorzugehen. Bänke oder Stühle gab es bis ins 19. Jahrhundert in Kirchen nicht. Zuerst waren die etwa 20–30 cm breiten Wege des Labyrinths bis zum Zentrum und wieder zurück nachzugehen. So vollführt der Besucher eine Art »Tanz«, der die ganze Person einfordert. Nicht achtloses Nach-vorne-Schreiten, sondern Konzentration, Sammlung steht am Beginn des Betretens einer Kirche. Zugleich lässt der Eintretende die Welt hinter sich, bevor er vor Gott hintritt.

Diese Umgangslabyrinthe stecken voller Symbolik – wie überhaupt die Welt des Mittelalters eine Symbolwelt war. Umgangslabyrinthe weisen entweder eine runde oder achteckige Außenform auf, so etwa das Labyrinth aus Amiens. Die Acht hat eine besondere Bedeutung als Zahl der Vollkommenheit, der Auferstehung, des Neubeginns (nach dem Ablauf einer Woche; als Oktav in der Musik ...). Die Achteckform der Baptisterien und Taufsteine rührt hierher. Wie die Achteckform, so gilt auch der Kreis als vollkommene geometrische Figur.

So erschließt sich der Grundcharakter der christlichen Vorstellung vom Labyrinth: Tod und Leben sind seine zentralen Anliegen, ein Initiationsprozess wird dargestellt. Tod und Wiedergeburt, das Sterben des alten sündigen und das

[1] Vgl. hierzu die interessante Labyrinth-Darstellung im Eingangsbereich des Domes von Lucca in der westlichen (!) Vorhalle (Abb. 21). Dieses Wandrelief findet sich genau gegenüber der Darstellung des Sündenfalls mit Paradiesbaum.

Geborenwerden eines neuen Menschen wird veranschaulicht. »Wisst ihr denn nicht, dass wir alle, die wir auf Christus Jesus getauft wurden, auf seinen Tod getauft worden sind? Wir wurden mit ihm begraben durch die Taufe auf den Tod; und wie Christus durch die Herrlichkeit des Vaters von den Toten auferweckt wurde, so sollen auch wir als neue Menschen leben« (Röm 6,3 f.). Die Ausführungen des Paulus über die Taufe finden im Labyrinth – mit Christus als Mitte – ihre symbolische Entsprechung.

Alle Umgangs-Labyrinthe weisen elf konzentrisch ineinander gestellte Kreiswindungen auf. Der kretische Grundtyp der Antike kannte hingegen nur sieben. Die Elfzahl beruht nicht auf einem Zufall, sondern auch sie ist Ausdruck christlicher Zahlensymbolik. Die Zahl 11 steht für Sünde, Übertretung und Maßlosigkeit – da über die Zahl der Gebote hinausgehend – und für Unvollkommenheit, da die Zahl der Apostel nicht erreicht wird. Das elfgängige Labyrinth ist eine Darstellung dieser Welt als Sündenwelt.

Umgangs-Labyrinthe enthalten zwei sehr ausgeprägte Kreuz-Achsen; dabei sind die drei oberen Halbachsen jeweils halb durchlässig, die untere ist für vier getrennte Wegstrecken vorgesehen. Das klassische Labyrinth erhielt also eine weitgehend symmetrische Gestalt, indem ein Kreuz darüber gelegt wurde. Die Sperren dieses Kreuzes nötigen immer wieder zur Umkehr, zu einer Art »Kreuzweg«. Es gibt 28 (vier mal sieben)[1] Umkehrpunkte; zwei Kreuzwege finden sich im Labyrinth. So verwundert es kaum, dass sich tatsächlich Berichte finden, denen zufolge Stationen des Kreuzwegs in einem Labyrinth gebetet wurden.[2] Mit dem Kreuz wird der sündigen Welt das Heilszeichen des Christentums aufgeprägt und die Welt in einen überschaubaren Kosmos mit vier Quadranten gegliedert. Der Herr der Welt ist fortan nicht mehr das Böse, sondern Christus. Eine tief gehende Symbolik für die Erlösung durch den Kreuzestod Christi.

---

[1] Zur Zahlensymbolik rund um das Labyrinth sei verwiesen auf den entsprechenden Baustein im Werkstatt-Teil, s. u. S. 46 ff.

[2] Vgl. Kern, 210 (gilt wohl für Reims).

Diese Welt wird als sündige Welt nicht aufgehoben, aber alles erscheint unter einem neu geordneten Blickwinkel, eben von Jesu Tod und Auferstehung her.

Die Kirchen-Labyrinthe des Mittelalters stehen – ihr Grundthema »Tod und Leben« legt dies nahe – in engem liturgischem Zusammenhang mit dem Osterfest. So wird für die Kathedralen von Auxerre und Sens von Tänzen berichtet, die Bischof und Domkapitel am Ostersonntag um das Labyrinth herum aufgeführt haben. In Sens wurde vom Kapitel beschlossen, dass während des österlichen Festgottesdienstes auf dem Labyrinth eine Art Ballspiel, verbunden mit einem Reigentanz, stattfinden solle. Der zuletzt eingeführte Domherr hatte die Aufgabe, einen Ball zu beschaffen, der so groß sein musste, dass man ihn nicht mit einer Hand halten konnte. Am Beginn der Feier wurde der Ball dem Domdekan übergeben, der die Ostersequenz zu singen begann. Er ergriff den Ball und tanzte im Dreischritt zum Rhythmus des Liedes. Zugleich fassten sich die Übrigen an den Händen und tanzten einen Reigen den Labyrinth-Weg entlang. Der Dekan warf den Mittänzern den Ball zu. Am Ende folgte ein gemeinsames Festmahl.[1] Der Ball steht hier als Bild für die Sonne, als Zeichen für die Erneuerung der Natur im Frühjahr. Das Ballspiel als heidnischer Brauch wurde christlich umgedeutet zur siegreichen Ostersonne, dem Zeichen der Auferstehung Christi.

Die Zeit der Kirchen-Labyrinthe ist zugleich die Zeit der ausklingenden Kreuzzüge, welche die Befreiung des Heiligen Landes von den so genannten »Heiden« zum Ziel hatten. Auch diese Kreuzzüge hinterließen Spuren in den Labyrinthen der Kirchen. Sie werden zum Teil »Weg nach Jerusalem«[2] genannt. Den Zurückbleibenden, denen eine Pilgerfahrt ins Heilige Land nicht möglich war, konnte eine Ersatzhandlung mit Bußcharakter angeboten werden. Der Weg des Labyrinths sollte unter Absingen von Gebeten auf Knien nachgerutscht werden.

---

1 Nach Kern, 214.

2 Kern, 217.

Boden-Labyrinthe in christlichen Kirchen sind mehr als nur architektonischer Schmuck. Sie ziehen den Betrachter in ihren Bann. Er ist aufgefordert, den Weg in die Mitte zu gehen. Kirchenlabyrinthe sind Ausdruck einer tiefen Sensibilität für die Vielgestaltigkeit von Symbolen. Im Symbol des Labyrinths ist Grundlegendes des christlichen Glaubens und Lebens wiederzufinden. Sie möchten den Betrachter zum Mitgehen einladen. Der Weg in die Mitte kann hierbei ganz unterschiedlich akzentuiert sein. Eines aber haben alle Varianten gemeinsam: Sie wollen dem Gehenden etwas von jener Tiefe vermitteln, für die das Labyrinth steht. Sie sind Hinweis auf Gott und sein Handeln mit und in der Welt.

In diesem kurzen Gang durch die Geschichte des Labyrinths sollte deutlich werden, dass sich »im Laufe der Jahrhunderte … die Vorstellungen vom Labyrinth nach Sinngehalt und Form«[1] änderten. Was blieb war »eine Idee, die in immer neuen Variationen die Menschen fasziniert.«[2]

---

1 Jaskolski, 42.
2 Ebd.

Werkstatt Labyrinth

Der Weg zum Eingang – Annäherungen an das Symbol Labyrinth

»Symbole werden lebendig und erschließen sich, wenn man ihnen begegnet«, so wird treffend in dem Buch: »Gehe den Weg der Liebe. Im Labyrinth des Lebens«[1] bemerkt. Genau dieser Versuch soll mit den folgenden Einstiegsübungen ins Labyrinth unternommen werden. Die handgreifliche Begegnung auf den Wegen in die Mitte macht vielleicht neugierig, noch tiefer in das Labyrinth einzusteigen.

Das Labyrinth aus Kreta

»Daedalus baut das Werk, in der Kunst der berühmteste Meister. Und er versieht seine Kammern mit täuschenden Zeichen; die Augen führt in den Krümmen der kraus sich verschlingenden Gänge er irre.« (Ovid, Metamorphosen, VIII, 159 f.)

Inhalt

Mit Bild und Sage wird die antike Labyrinth-Tradition aufgegriffen. Das ermöglicht grundlegende und zugleich abgrenzende Aussagen über das Labyrinth als solches.

Als Labyrinth-Darstellung dient die Rückseite einer antiken Münze ca. aus dem Jahr 100 v. Chr. (s. Abb. 1). Die drei griechischen Buchstaben KNΩ deuten auf die Herkunft der Münze: Es sind die ersten drei Buchstaben des Wortes Knossos, einer Stadt auf der griechischen Insel Kreta.

[1] Ohne Autorenangabe.

In Knossos gab es der Sage nach ein weltberühmtes Labyrinth. Mit diesem Labyrinth verbindet sich die Sage vom König Minos, seinem stierähnlichen Sohn Minotaurus, seiner schönen Tochter Ariadne und Theseus, dem mutigen Königssohn aus Athen. Das Labyrinth in Knossos war vermutlich ein großer palastartiger Bau mit vielen verschiedenen Gängen – also kein Labyrinth im strengen Sinn. Wegen der grundsätzlichen Bedeutung dieser Sage, wie sie Ovid in den Metamorphosen überliefert und wie sie später immer wieder aufgenommen wurde, wird dennoch an dieser Stelle auf sie zurückgegriffen.

Die Geschichte des Labyrinths von Kreta ist zwar schon alt. Aber Menschen haben sie sich immer wieder weitererzählt. Was hier erzählt wird, gibt es bis heute – wenngleich das Angst machende Ungeheuer kein Stiermensch Minotaurus mehr ist und das Labyrinth kein königlicher Palast. Aber auch heute erleben wir Angst. Wer könnte das Ungeheuer in der Mitte sein? Wofür könnte Ariadne stehen? Was ist der »rote Faden«? Gibt es Leute mit Mut wie Theseus? Was sind heute Labyrinthe?

Abb. 1: Labyrinth mit Eingang oben rechts und sieben Umgängen (Münze aus Knossos, 2. Jahrhundert v. Chr.)

Materialien/Vorbereitung

- Eine Abbildung von der Rückseite der Münze aus Knossos auf Folie oder als Kopie für jeden Teilnehmenden.
- Kärtchen, Stifte, Pinnwand etc.
- Roter Faden, Kleber
- Kurzfassung der antiken Theseus-Sage (s. o., S. 20 f.)
- Antike Kampfabbildung aus einem Labyrinth (Abb. 2)

Durchführung

Die Labyrinth-Darstellung wird mittels Folie oder Kopie allen gezeigt.

Es erfolgt eine Klärung des Geschauten, das heißt, die Merkmale der Figur »Labyrinth« werden gemeinsam erarbeitet (*ein* Weg; die ganze Fläche ausfüllend führt er zur Mitte; es gibt keine Möglichkeit des Irrtums; der Weg hinaus ist der gleiche wie herein etc.). Diese Merkmale werden auf Kärtchen gesammelt und deutlich von den Merkmalen eines Irrgartens (viele Wege; Entscheidungsmöglichkeiten; Sackgassen etc.) unterschieden.

Über die abgebildeten Buchstaben KNΩ erfolgt der Einstieg in die antike Sage, die vorgelesen oder nacherzählt wird.

Die wichtigsten Personen der Sage (Minotaurus, Minos, Theseus, Ariadne, junge Leute aus Athen) werden benannt. Zugleich werden auch ihre Rollen geklärt (Minotaurus: quält die Menschen; Theseus: ist mutig, eilt zur Rettung herbei; Ariadne: hilft mit Faden; junge Leute aus Athen: sollen geopfert werden; Minos: fordert Rache); Stichworte werden auf Kärtchen notiert und an einer Pinnwand für alle sichtbar gemacht.

Heutige Labyrinth-Situationen (Personen, die Angst machen wie Minotaurus; helfende, unterstützende Erfahrungen wie durch Ariadne etc.) werden zusammengetragen. Vielleicht ist auch hier schon eine »Rollenverteilung« gemäß der antiken Personen möglich.

Abschließend klebt jede(r) den entsprechenden roten Faden in seine Kopie der Labyrinth-Vorlage.

Variationsmöglichkeiten

Zur Verdeutlichung der antiken Erzählung könnte eine antike Kampfabbildung im Labyrinth gezeigt werden.

Abb. 2: Kampf des Theseus (aus einer römischen Villa, ca. 200–225 n. Chr.)

Diese Vorlage ist sehr allgemein gehalten. Sie kann auch viel persönlicher gestaltet werden und mehr auf konkrete »Labyrinth-Erfahrungen« im eigenen Leben abzielen, seien es vergangene oder gegenwärtige.

Folgende »Ausmalvorlage« (Abb. 3) kann Kindern einen leichten Zugang zur einfachsten Form des Labyrinths, der Spirale, ermöglichen. Die Fußspuren deuten bereits den praktischen Bezug an, dass es sich um eine Lauf- bzw. Tanzfigur handelt.

Abb. 3: Spirale mit Fußspuren (M. Wolf)

Es ist natürlich auch möglich, diese oder eine andere einfache Labyrinth-Vorlage als Fensterbild zu gestalten (gemeinsam oder individuell).

Labyrinthe selbst begehen

»So spricht der Herr: Seht, den Weg des Lebens und den Weg des Todes stelle ich euch zur Wahl.« (Jer 21,8)

Inhalt

Die Teilnehmenden gehen den Weg durch ein ausgelegtes Labyrinth und sollen in dieser meditativen Übung den *Weg des Todes* und den *Weg des Lebens* am eigenen Leib erfahren, ausdrücken und reflektieren. Da es bei dieser Übung möglich ist, dass starke emotionale Erinnerungen zum Vorschein kommen, ist eine Auswertungsrunde mit kompetenter Leitung anzuraten.

Abb. 4: Siebengängiges Labyrinth. Christliche Deutung des kretischen Typs.

Materialien

- Zwei Seile von 50 m Länge
- Zollstock, Klebeband, Dekorationsmaterial (beispielsweise eine Kerze für die Mitte, zwei »negative« Gegenstände – wie ein schwerer Stein oder ein verworrenes Wollknäuel – und zwei »positive« Gegenstände – wie eine Blume oder ein Kuscheltier – für die vier Wendepunkte)
- Bilder, Photos, Zeichnungen von Labyrinthen u. Ä.
- Musikanlage, Meditationsmusik
- Zeichenbögen, Malstifte, Farben etc.

Vorbereitung

Für diese Übung soll ein aus Seilen gelegtes siebengängiges Labyrinth genutzt werden. Ist der Anleiter etwas geübt im Legen der Seile, so kann er mit Hilfe einer Person das gesamte Labyrinth in ca. einer Stunde vorbereiten. Die Gänge haben dabei eine Breite von ca. 50 cm, der Durchmesser beträgt mindestens 7,5 m. Gut wäre es, wenn um das Labyrinth noch Platz für das Umschreiten bleibt.

Ein Vorteil dieses gelegten Labyrinths ist, dass die Seile eine dreidimensionale Andeutung der Wände ermöglichen. Tritt man dagegen oder darauf, so merkt man es. Dies ist bei aufgezeichneten Labyrinthen nicht der Fall. Ein Nachteil ist, dass die Seile oft durch falsches Aufrollen und Aufbewahren beim Auslegen sehr eigenwillig sein können. Daher sollten sie vor der Übung festgeklebt werden.

1. Schritt
Man trägt mit Zollstock und Klebestücken ein Kreuz auf dem Boden auf. Dabei klebt man im Abstand von 50 cm von der Mitte aus in alle vier Richtungen sieben Markierungen.

2. Schritt
Man beginnt an einem der Wendepunkte – im Achsenkreuz: (-2/-1) – mit dem Auslegen des ersten Seils und befestigt den Anfang bei Bedarf vorübergehend mit Klebestreifen. Dabei ist auf gelungene Rundungen der gelegten Bögen zu achten. In der Mitte des Labyrinths gilt es zu bedenken, dass es dort eng wird.

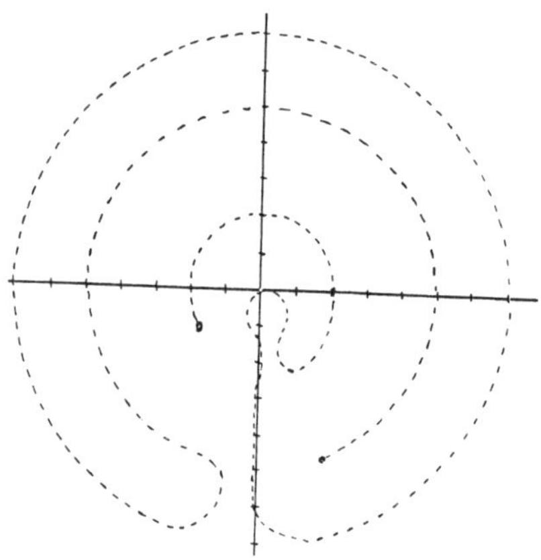

Abb. 5 a: Skizze zu Schritt 1 und 2 (P. Hofacker)

Man sollte beim Auslegen versuchen, die Symbolik einigermaßen erkennbar zu gestalten und mit den vorgegebenen Abständen entsprechend großzügig umzugehen.

3. Schritt

Nun legt man das zweite Seil aus. Dabei ist Vorsicht geboten, damit das erste Seil nicht durch Unachtsamkeit verrutscht. Sollte am Ende des Legens zu viel Seil übrig sein, müssen die Rundungen ausgebessert oder kleine Stücke, als Spirale gerollt, zum Wendepunkt geklebt werden.

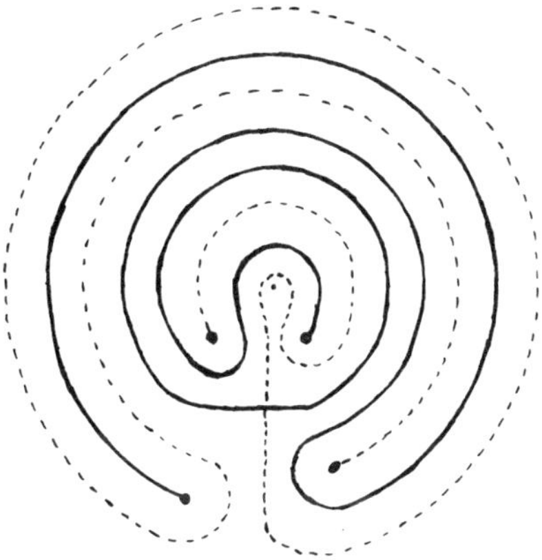

Abb. 5 b: Skizze zu Schritt 3 (P. Hofacker)

Vor Beginn der Übung nicht vergessen, die nicht mehr notwendigen Klebestreifen von den Seilen zu entfernen!

Durchführung

Einstimmung

Die Teilnehmenden erhalten die Aufgabe, sich gemütlich um das Labyrinth zu bewegen und die Bilder zu betrachten (dazu ruhige Musik). In einem zweiten Schritt sollen sie sich dann zu dem Bild stellen, welches sie heute am meisten anspricht. Ist dies geschehen, erfolgt eine kurze Vorstellungsrunde, bei der alle kurz etwas zu sich und ihrem ausgewählten Bild sagen.

Einführung

Weg des Todes – Weg des Lebens. Der Anleiter gibt eine kurze Einführung in die Welt der Labyrinthe. Wichtig wäre dabei der Hinweis, dass der Weg linksherum in das Labyrinth als *Weg des Todes*, der Weg rechtsherum aus dem Labyrinth hingegen als *Weg des Lebens* gesehen wird. (Wird die Methode des Labyrinth-Gangs für eine besondere Thematik genutzt, gehört an diese Stelle die entsprechende inhaltliche Einleitung.) Da es nicht um Schnelligkeit geht, sollen die Teilnehmenden bewusst auf ihre Eindrücke und Gefühle achten. Jetzt können zum ersten Mal die Regeln bekannt gegeben und erklärt werden.

Regeln des Labyrinth-Gangs

- Die Wände dürfen niemals übertreten werden.
- Alle gehen in ihrem Tempo – überholen ist aber nicht erlaubt. Pausen sind erwünscht.
- Bei Begegnungen hilft man sich unkompliziert, aber schweigend weiter.
- Gespräche werden bis zum abschließenden Austausch aufgehoben.

Geh-Übungen

Für Gruppen, die nicht an das meditative Gehen gewöhnt sind oder einfach Spaß an solchen Aktionen haben, wären jetzt einige Geh-Übungen angebracht. Für welche Anweisungen des Gehens sich der Anleiter dabei entscheidet, ist der eigenen Phantasie überlassen. Sinnvoll wären beispielsweise – nach den üblichen Aufgaben – »ziel-gerichtetes Laufen«, »orientierungsloses Umherirren«, »schwankendes Vor- und Zurückgehen« u. Ä.

Labyrinth begehen

Danach sammeln sich alle wieder um das Labyrinth. Der Anleiter weist nochmals darauf hin, dass alle ihr eigenes

Tempo gehen sollen (besonders die erste Person!) und erinnert auch an die übrigen Regeln. Wichtig ist hier der Hinweis, dass sich die Personen nach dem Umkehren in der Mitte, dem Zurücklegen des Weges und dem Verlassen des Labyrinths schweigend im Raum aufhalten.

Eine ruhige Musik erklingt, und die erste Person rechts vom Eingang kann das Labyrinth durch den Eingang betreten. Es folgen die Personen rechts von ihr, so dass alle vor dem Eintritt bereits einmal (ein Stück) im Uhrzeigersinn um das Labyrinth ziehen.

Eindrücke malen
Sind alle aus dem Labyrinth zurück, bekommen sie die Aufgabe, ihre Eindrücke und Gefühle schweigend in Farben festzuhalten. Eine klare Zeitvorgabe (beispielsweise 30 Minuten) gibt den Rahmen an, die ruhige Musik schafft die nötige Atmosphäre.

Austausch
Danach treffen sich die Personen in Kleingruppen mit fünf bis acht Mitgliedern. Alle teilen ihre Erfahrungen und Eindrücke mit – soweit sie wollen. Die gemalten Bilder sind sehr oft eine gute Gesprächsbrücke. In jeder Kleingruppe sollte ein erfahrener Gesprächsleiter mitwirken.

Gemeinsamer Abschluss
Alle versammeln sich nochmals um das Labyrinth und (sprechen gemeinsam einen Segen oder ein Gebet, hören einen Text oder) singen das Lied: »Geh mit uns auf unserem Weg«.[1]

Variationsmöglichkeiten

Varianten eines Bodenlabyrinths

- Für innen: bemalte Betttücher; Aufkleben mit Kreppband; mit Ziegeln, Steinen, Kisten, Büchern, Sägemehl etc. legen; Kerzen aufstellen.

---

[1] Text: Norbert Weidinger. Musik: Ludger Edelkötter.

- Für außen: Ausstreuen mit Kreide oder Kalk; Auslegen mit Strohballen, Steinen, Fackeln; Ausmähen in einer Wiese; Anpflanzen/Düngen; Aufhäufen in Schnee oder Sand.

Gestaltung der Mitte

Je nach der thematischen Ausrichtung kann die Mitte gestaltet werden. So wird sie z. B. zu einem Ort:

- der Ruhe: ein gepflanzter Baum, ein schönes Blumenarrangement, bunte Tücher ...
- der Umkehr: eine Kerze, ein Kreuz, ein Bibelspruch, violette Stola, Bild ...
- des freudigen Erlebens: ein erfrischender Brunnen, Süßigkeiten oder Obstschale, nette (zum Thema passende) Erinnerungsstücke ...
- des Ablegens: ein Kummer-Briefkasten, Feuerschale zum Verbrennen von Zetteln, Vase zum Sammeln von Blumen ...

Arbeit mit Bildern

Gerade für Kinder malt Relindis Agethen ansprechende Bilder. Sie sind als Plakate und Bildkarten erhältlich und finden Verwendung in den von Hubertus Halbfas herausgegebenen Religionsbüchern (z. B. Religionsbuch für das 4. Schuljahr, Patmos). Im Sinne einer »Entdeckungsreise im Bild« zum Thema *Weg des Todes – Weg des Lebens* soll hier auf die beiden Bilder »Kreuzigung« und »Auferstehung« hingewiesen werden. Begeht man mit Kindern das Labyrinth, ist es oft mehr eine aufregende und spaßige Erfahrung für sie – mit Hilfe der vielfältigen Impulse aus diesen Bildern können tiefere emotionale Erfahrungen aufgefunden und benannt werden.

Spannung auf das Unerwartete – Erwartung auf das Neue.
Alle gehen im Gänsemarsch – ich laufe mit.
Mitläufer oder Weggefährte?
Alle haben ein Ziel –
und doch gehen wir in verschiedene Richtungen.
Und dann der Höhepunkt – der Mittelpunkt:
Kein gemeinsamer Zieleinlauf –
die eine muss dem anderen Platz machen.
Der Schritt ins Zentrum – das Ziel ist erreicht.
Für wie lange?
Umgeben von Mitstreitern – sie streiten mit mir,
gehen mit mir den gemeinsamen Weg –
aber sie machen mir den Platz streitig.
Noch einen Augenblick ausharren –
ein Blick auf die Gehenden, ein Blick auf die Kommenden.
Zurücktreten – nur einen Schritt.
Und andere kommen an die Reihe.
Jedoch keine Zeit für die Traurigkeit des Aufgeben-Müssens,
denn jetzt trifft man sich wieder von Angesicht zu Angesicht.
Das Ziel ist erreicht –
das Aufgeben der ichbezogenen Isolierung
bringt Begegnung – hautnah –
da wird auch manche Grenze übertreten.
Der letzte Schritt:
das Neue ist das Alte, nur mal wieder neu erfahren.
(Peter Hofacker)

Halt an! Wo laufst du hin?
Der Himmel ist in dir:
Suchst du Gott anderswo,
du fehlst ihn für und für.
(Angelus Silesius)

Ich will im Kreis gehen, Schritt für Schritt,
will rechtsherum gehen mit dem Lauf der Sonne
im Namen Ariels und der neun Engel,
im Namen Gabriels und nach der zwölf Apostel Art.
Vater, Sohn und Heiliger Geist,
gebt Wachstum und allem gütig Reife,
was auf meinem Grund wächst,
bis der Tag der Freude kommen wird.
(aus Irland)

Wer ein Labyrinth begeht,
weiß selten, wo sein Fuß grad steht.
Doch wie auch greifen aus die Schritte,
stets greifen sie um eine Mitte.
Wer dorthin kommt, der findet sich;
der ist vereint mit Gott und sich.

Die Zahlenmystik christlicher Labyrinthe

»Du aber hast alles nach Maß, Zahl und Gewicht geordnet.« (Wsh 11,20)

Inhalt

Die Teilnehmenden sollen erkennen, dass die Menschen im Mittelalter ihren Glauben sehr stark in Bildern und Zahlen erlebten und dass diese Vorstellungen mit in die christlichen Labyrinthe eingegangen sind. So können eigene Erfahrungen aus dem Alltag mit biblischen Traditionen verbunden und am Symbol des Labyrinths miteinander ausgetauscht werden. Außerdem handelt es sich um eine interessante und kreative Art der Bibelarbeit und der Annäherung an die christliche Zahlenmystik.

Abb. 6: Bodenlabyrinth aus der Kathedrale von Chartres, 13. Jahrhundert

Materialien/Vorbereitung

- Spielwürfel
- Bibel, je Kleingruppe eine Kopie mit ausgewählten Bibelstellen
- Malmaterial, Kleber, Zeitschriften
- Kopie Bodenlabyrinth aus Chartres (Abb. 6) für jeden Teilnehmenden

Durchführung

Einteil-Übung
Reihum würfeln die Teilnehmenden und müssen versuchen, eine bestimmte Zahl durch Addieren und Subtrahieren zu erreichen. Der Anleiter legt je nach Gruppengröße die Anzahl der Kleingruppen fest – entsprechend viele Zahlen

müssen dann erwürfelt werden. Dabei sollten in jeder Kleingruppe zwei bis fünf Mitglieder sein. Für die hier ausgeführte Übung wären vier Kleingruppen zu den vier Zahlen: 3 – 4 – 7 – 12 empfehlenswert.

Kennenlernen
Die Kleingruppen haben nun Zeit, sich untereinander über mögliche persönliche Bedeutungen der Zahl auszutauschen. Dabei können sehr wohl reale Bedeutungen der Zahl genannt werden (wie zum Beispiel: meine vier Geschwister) oder auch allgemeineres (vier Jahreszeiten, vier Elemente). Die genannten Bedeutungen sollen schriftlich festgehalten werden.

Biblische Bezüge
Im dritten Schritt soll nun die biblische Zahlensymbolik im Malen dargestellt werden. Zur Einführung dient der folgende Text aus dem Markusevangelium:

> »Als ich die fünf Brote für die Fünftausend brach, wie viele Körbe voll Brotstücke habt ihr da aufgesammelt? Sie antworteten ihm: Zwölf. Und als ich die sieben Brote für die Viertausend brach, wie viele Körbe voll habt ihr da aufgesammelt? Sie antworteten: Sieben. Da sagte er zu ihnen: Versteht ihr immer noch nicht?« (Mk 8,19 ff)

Zahlenverständnis
Nun soll es um das Verstehen der Zahlen gehen. Dafür hält der Anleiter pro Kleingruppe eine Kopie mit Bibelstellen bereit. Aufgabe ist es nun, die verschiedenen Aussagen zu der jeweiligen Zahl künstlerisch im gemalten Bild oder einer geklebten Collage darzustellen. Dabei geht es nicht um Vollständigkeit oder Perfektion, aber die Vielfalt der Bedeutungen sollte zum Ausdruck kommen. Hier können auch die Erfahrungen aus dem persönlichen Bereich mit einfließen.

Zahl 3:

- Allgemein: Drei Wünsche im Märchen; drei Komplementärfarben …
- Religiös: Dreifaltigkeit; Heilige Drei Könige; drei Tage bis zur Auferstehung …

Zahl 4:

- Allgemein: Vier Himmelsrichtungen; vier Jahreszeiten; vier Elemente …
- Religiös: Vier Evangelisten; vier apokalyptische Reiter …

Zahl 7:

- Allgemein: Sieben Tage in der Woche; sieben Farben des Regenbogens; sieben Minuten für ein gutes Pils …
- Religiös: Sieben Schöpfungstage; sieben Gaben des Heiligen Geistes; sieben Sakramente …

Zahl 12:

- Allgemein: Zwölf Monate; zwölf Stunden …
- Religiös: Zwölf Apostel; zwölf Stämme Israels …

Die Gruppenmitglieder erforschen gemeinsam die vorgelegten Bibelstellen und setzen dann die gefundenen Bedeutungen der Zahlen bildlich um. Dabei ist es möglich, dass mehrere Einzelbilder gemalt werden oder ein Gesamtkunstwerk entsteht. Die Zeitvorgabe sollte sich nach der Menge der Bibelstellen richten.

Im nächsten Schritt erhält jede Kleingruppe eine Kopie des Labyrinths aus Chartres. Aufgabe ist es nun, die Zahl der eigenen Gruppe in diesem Bild wiederzufinden.

Danach kommen alle Kleingruppen wieder zusammen und stellen sich ihre Entdeckungen vor. Als gemeinsame Abschlussaufgabe steht die Frage nach der Zahl 113: Wo ist sie im Labyrinth zu finden und was könnte sie bedeuten?

Entdeckungen im Labyrinth von Chartres

(Andere Labyrinth-Formen betonen eine andere Zahlenmystik – beispielsweise die Zahl 5 als Symbol für den Heiligen Geist): Hier sollen nur die einfachsten Verbindungen angesprochen werden. Interessant wären darüber hinaus beispielsweise die Länge des Weges im Labyrinth zur Länge der Kathedrale, der Durchmesser des Labyrinths zur Rosette über dem Eingangsportal usw.

Zahl 3 – göttliche Vollendung:
- 3 + 4 = 7 Wendepunkte pro Quadrant
- 2 × 3 = 6 »Rosenblätter« in der Mitte

Zahl 4 – weltliche Vollendung:
- 4 + 3 = 7 Wendepunkte pro Quadrant
- Vier Quadranten im Kreis: vier Himmelsrichtungen in der einen Welt – weltliche Vollendung in der göttlichen.
- Vier »Balken« des Kreuzes quer durch das Labyrinth.

Zahl 7:
- 3 + 4 = 7 Wendepunkte pro Quadrant – jeweils an einem Kreuzbalken. Addition von göttlicher und weltlicher Vollendung – Regenbogen mit sieben Farben als Bund zwischen Gott und den Menschen.

Zahl 12:
- 3 × 4 = 12 Gänge von außen bis zur Mitte; Mitte gehört wesentlich »zur Fülle der Erlösung« dazu!
- Die Zahl 11 hingegen gilt als Symbol der Unvollkommenheit (Elferrat, Karneval beginnt am 11.11. usw.) – eins mehr als die Zehn Gebote; eins weniger als die Zwölf Apostel.

Zahl 113:
- 113 Strahlen aus dem Labyrinth: vier Quadranten mit jeweils 4 × 7 Strahlen = 112 Strahlen. Und diese »Fülle der Fülle« wird noch überschritten durch einen weiteren Strahl = 113 …

Variationsmöglichkeiten

Ein musikalischer Höhepunkt (eher für Erwachsene) könnte vor der biblischen Umsetzung eine Besinnungszeit mit dem Quartett »Quatuor pour la fin du temps« von Olivier Messiaen darstellen (besonders der fünfte und achte Satz). Die Komposition besteht aus acht Sätzen, geschrieben im Kriegsgefangenenlager Görlitz 1940. Sie bezieht sich auf die Apokalypse des Johannes, vor allem auf das Blasen der siebten Posaune (Offb 10). Der Komponist schreibt dazu: »Sieben ist die Zahl der Vollendung – die sechs Schöpfungstage, geheiligt durch den göttlichen Sabbat. Die Sieben dieses Ruhetages setzt sich in der Ewigkeit fort und wird so die Acht des unauslöschlichen Lichts und immer währenden Friedens.«

Eine reizvolle Darstellung des zunehmenden Lichtes durch die Erlösung Christi gelingt in einer überschaubaren Gruppe in der Osternacht, wenn die Gemeinde oder Lektoren in ein (siebengängiges) Labyrinth einziehen. An sieben Stellen wird jeweils eine der sieben alttestamentlichen Lesungen vorgetragen und dabei eine kleine Kerze entzündet. In der Mitte kann dann das Osterfeuer entfacht und das Exsultet gefeiert werden. Der »Wendepunkt der Zeiten« kommt somit besonders deutlich zum Ausdruck.

Auswahl von Bibelstellen

Zahl 3 (298 Mal in der Bibel):

- Drei Teile des AT: Mose – Propheten – Schriften
- Gen 9,19: Drei Söhne Noachs – Stammväter aller Völker
- Gen 18,2: Drei Männer zu Besuch bei Abraham
- Ex 10,22: Drei Tage Finsternis
- Dtn 4,41: Drei Asylstädte im Ostjordanland
- 1Kön 7,4: Drei Reihen Fenster
- 1Kön 9,25: Drei jüdische Hauptfeste
- 2Chr 4,4: je Drei Rinder pro Himmelsrichtung
- Hiob 2,11: Drei Freunde
- Ez 14,14: Drei gerechte Männer
- Ez 48,30: Drei Stadttore je Seite der heiligen Stadt

- Dan 3,23: Drei Jünglinge im Feuerofen
- Amos: Strafe für jeweils drei Verbrechen
- Jona 2,1: Drei Tage und drei Nächte im Fischbauch
- Drei synoptische Evangelien
- Mt 15,32: Drei Tage ohne Essen
- Mt 17,4: Drei Hütten für Mose, Elija und Jesus
- Mt 26,61: Drei Tage zum Aufbau des Tempels
- Lk 2,11: Drei Titel Jesu: Retter, Messias, Herr
- Apg 9,9: Drei Tage Blindheit des Paulus
- 1Kor 13,13: Diese drei: Glaube, Hoffnung, Liebe
- 1Joh 5,7: Drei Zeugen – Dreieinigkeit
- Offb 9,12: Drei Wehe – die drei letzten Posaunen

Zahl 4 (168 Mal in der Bibel):
- Gen 2,10: Vier Hauptflüsse im Paradies
- Ex 27,2: Opferaltar mit vier Hörnern – vier Ringen …
- Lev 11,20: Essverbot für Kleintiere mit vier Füßen
- 1Kön 18,34: Vier Krüge Wasser drei Mal auf den Altar
- Wsh 8,2: Vier Kardinaltugenden
- Sir 37,18: Vier symbolische Reiser
- Jes 11,12: Vier Enden der Erde
- Ez 1,5: Vier Lebewesen mit vier Gesichtern und vier Flügeln
- Ez 14,21: Vier Strafen über Jerusalem
- Dan 7,3: Vision der vier Tiere aus dem Meer
- Vier Evangelien im NT
- Mt 14,25: Vier Nachtwachen
- Mt 18,15: Vier-Augen-Gespräch
- Joh 19,23: Vier Teile der Kleidung Jesu
- Offb 4,6: Vier Wesen am Thron
- Offb 6,1: Vier Reiter
- Offb 14,20: 4 × 4 × 100 = 1600 Stadien

Zahl 7 (294 Mal in der Bibel):
- Gen: Sieben Tage der Schöpfung
- Gen 7,2: Sieben Paare von Tieren auf der Arche
- Gen 41,3: Sieben magere und sieben wohl genährte Kühe
- Ex 12,15: Sieben Tage ungesäuertes Brot

- Ex 25,37: Sieben Lampen am Leuchter
- Lev 23,15: Sieben Wochen bis zum Wochenfest
- Lev 25,2: Alle sieben Jahre ein Sabbatjahr
- Lev 25,8: Nach 7 × 7 = 49 Jahren ein Jubeljahr
- Num 23,1: Sieben Altäre mit sieben Stieren und sieben Widdern
- Dtn 16,13: Sieben Tage Laubhüttenfest
- Jos 6,4: Sieben Priester mit sieben Hörnern am siebten Tag sieben Mal um Jericho
- Ri 16,13: Sieben Locken von Simson
- 2Makk 7,1: Das Martyrium der sieben Brüder
- Wsh 10,1: Sieben Beispiele der Macht der Weisheit
- Wsh 11,5: Sieben Vergleiche über das Volk Gottes
- Sach 4,10: Sieben Augen des Herrn
- Die sieben katholischen Briefe
- Mt 12,45: Sieben schlimme Geister
- Mt 15,34: Sieben Brote
- Mt 22,25: Sieben Brüder
- Joh: Sieben Zeichen Jesu im Evangelium
- Apg 6,3: Die Wahl der Sieben
- Offb 1,4: Sieben Gemeinden
- Offb 1,20: Sieben Sterne und sieben goldene Leuchter
- Offb 5,1: Das Buch mit den sieben Siegeln
- Offb 8,1: Sieben Posaunen
- Offb 11,2: 7/2 = 3,5 Jahre = 42 Monate = 1260 Tage Unglück – endzeitliche Verfolgung
- Offb 13,1: Sieben Köpfe des Tieres aus dem Meer
- Offb 15,1: Sieben letzte Plagen

Zahl 12 (124 Mal in der Bibel):
- Gen 17,20: Zwölf Fürsten – Söhne Ismaels
- Gen 49,28: Zwölf Stämme Israels
- Lev 24,5: Zwölf Kuchen – Schaubrote für den Tempel
- Jos 4,8: Zwölf Steine – heilige Orte im Jordan
- 1Kön 10,20: Zwölf Löwen am Thron Salomos
- Sir 49,12: Die zwölf »kleinen« Propheten
- Ez 43,16: 12 × 12 Ellen großer Opferherd
- Mt 10,1: Wahl der Zwölf Apostel

- Mt 14,20: Zwölf Körbe voller Brotstücke
- Mt 19,28: Zwölf Throne – zwölf Stämme beim Endgericht
- Lk 2,42: Jesus lehrt mit zwölf Jahren im Tempel
- Joh 11,9: Zwölf Stunden pro Tag
- Offb 7,4: 12 × 12 × 100 = 144000 Gerettete
- Offb 12,1: Zwölf Sterne
- Offb 21,12: Zwölf Tore – zwölf Namen, zwölf Grundsteine des neuen Jerusalems

Der Weg zum Leben – Kar- und Ostertage, Advent

Die Feier der Heiligen Drei Tage stellt den Mittelpunkt des gesamten Kirchenjahres dar. Vorherrschendes Thema der Fastenzeit ist die erlösungsbedürftige Welt und schließlich der Tod.

Das Labyrinth ist ein altes Symbol für den Lebensweg des Menschen, für seine Suche nach dem Sinn, der Mitte des Lebens. Das antike Labyrinth birgt in seiner Mitte den Tod, verkörpert durch den Stier-Menschen Minotaurus der Sage. Mit der Übernahme des Labyrinth-Symbols durch das Christentum wird diese bildhafte Darstellung des Todes im Zentrum ersetzt durch Christus. Christus, der Sieger über den Tod, bestimmt fortan das Leben und bildet damit die Mitte des Labyrinths.

Der gesamte Weg Jesu durch Leid und Tod zur Auferstehung wird mit dem Labyrinth in Beziehung gesetzt. Diese alte christliche Übernahme des Symbols ermöglicht auch heute Glaubenden einen Zugang zu dem Grundgeheimnis des christlichen Glaubens:

In den Wochen vor Ostern – *ab Aschermittwoch* – ist das Labyrinth sehr trist gestaltet. Laub, Dornen und Erde prägen das Aussehen. Sie sind als Überbleibsel des Winters Hinweise auf den Niedergang der Natur und den Tod. Wer den Weg in die Mitte nachgeht, wird an das eigene Leben erinnert: an Stationen des Leids, der Trennung und des Todes – allesamt »Wende-punkte« unseres Lebens. Das ganze Labyrinth ist von einem Kreuz als Grundstruktur durchzogen. Kreuz und Tod wollen in der Fastenzeit auf den Tod Jesu, den Karfreitag, hinweisen. Er stellt gewissermaßen die Mitte des fastenzeitlichen Labyrinths dar.

In einer Meditationsnacht am *Abend des Gründonnerstages* wird der Weg Jesu vom Abend des Verrates bis zum Morgen des Todestages nachgegangen. Die einzelnen, anhand der

Passion des Markus gestalteten Stationen finden alle ihren Niederschlag im Labyrinth.

An *Karfreitag* findet sich in der Mitte des Labyrinths, in der Höhle des Todes, ein (selbst gestaltetes) Kreuz. Der *Karsamstag* ist erfüllt von Leere, so auch die Mitte. Vielleicht kann ein schwarzes Tuch in der Mitte diese Leere und Trauer zum Ausdruck bringen.

Mit der Feier der *Osternacht*, der Auferstehung Jesu, wechselt das Labyrinth sein Aussehen. Alle Wege werden überragt von der Osterkerze, die am Osterfeuer entzündet wurde. Das Ostergeschehen, der Sieg des Lebens über den Tod, kommt zum Ausdruck. Leid und Kreuz sind aus dem Blick geraten. Die Lebensfreude findet im Labyrinth ihren sichtbaren Ausdruck. Das Labyrinth eröffnet sich so als Symbol für ein mit menschlichen Worten letztlich nicht fassbares Geschehen: Der Tod hat in Christus nicht das letzte Wort, sondern mit ihm hat das Leben gesiegt. Was die Osterberichte der Bibel in Erzählungen zu erfassen versuchen, findet in diesem Labyrinth einen sinnfälligen Ausdruck.

Das festlich geschmückte Oster-Labyrinth möchte einladen, den Weg der Freude über die Auferstehung Jesu mitzugehen. Die Osterkerze, das Licht der Auferstehung, ist das Ziel. Der Sieg Jesu über die Schatten des Todes ist auch für uns Christen Unterpfand neuen Lebens. Von jener lichterfüllten Mitte aus ist der Weg nach außen ein anderer als jener nach innen. Die Perspektive hat gewechselt: helle, freudige Farben bestimmen das Bild. Keiner verlässt das Labyrinth so, wie er es betreten hat. Jene Mitte des Ostereignisses lässt auch unser Leben in einem anderen Licht erscheinen.

◎ Vorbereitung / Materialien

Aufbau und Gestaltung des Labyrinths

An einem geeigneten Platz – wenn möglich im Altarraum und gut sichtbar für die Besucher – wird auf einem großen grauen Tuch (3 × 3 m) mit roten Krepp-Papierstreifen (10 cm breit) der Weg in die Mitte gelegt (Abb. 7 a). Die Kreppstreifen sollten mit doppelseitigem Klebeband auf dem Stoff fixiert werden. Wenn man für die Zwischenräume der Wege ca. 7,5 cm Platz lässt, ergibt sich eine freie Innenfläche von ca. 90 × 90 cm. Zwischen den Gängen entstehen an einigen Stellen auch größere Freiräume, die für die spätere Gestaltung gebraucht werden.

Vielleicht ist es auch möglich, das gesamte Labyrinth auf einer Fläche (Pappe etc.) anzufertigen, so dass man das Ganze ein Stück anheben kann, um es dem Betrachter besser ins Auge springen zu lassen.

Die Mitte sollte so beschaffen sein, dass sie während der Kar- und Ostertage immer wieder verändert werden kann. Die entsprechenden Symbole dafür werden während der Tage erstellt bzw. zusammengetragen.

- In den Wochen der *Passionszeit* prägen triste Farben des Winters (verwelkte Blätter, Dornen, kahle Erde) das Kirchenlabyrinth. Ein armseliges Bild liefern die Gänge des Labyrinths, und seine Mitte ist noch gänzlich leer.
- Zur *Meditationsnacht* empfiehlt es sich, die einzelnen Stationen dieser Nacht auch in der Kirche zu kennzeichnen. So könnten beispielsweise an den Haltepunkten Tücher liegen, auf denen die Symbole bzw. Utensilien für die jeweiligen Stationen bereitliegen (Abb. 7 b).
- Vorbereitend auf den *Karfreitag* wird in der Gruppe ein Kreuz gestaltet. Dieses Kreuz wird dann in die Mitte des Labyrinths gelegt (Abb. 7 c).
- Am *Karsamstag*, dem traditionellen Tag der Stille und Ruhe, kann die Osterkerze verziert werden. Hier bietet es

Abb. 7 a: Das leere Labyrinth auf dem Fußboden der Kirche

Abb. 7 b: Das Labyrinth am Ende der Meditationsnacht vom Gründonnerstag

Abb. 7 c: Das Labyrinth am Karfreitag

Abb. 7 d: Das Labyrinth mit der österlich geschmückten Mitte

sich natürlich an, neben den traditionellen Motiven (Zahlen, Kreuz, Alpha und Omega) auch eine Labyrinth-Darstellung auf der Kerze anzubringen.

- Am *Ostermorgen* leuchtet das Labyrinth wie verwandelt in den bunten Farben der frisch erwachenden Natur (Abb. 7 d). Bunte Osterglocken, Tulpen u. Ä. beleben das Bild. In der Mitte des Labyrinths steht – hoch aufragend – die Osterkerze, die in der Osternacht entzündet wird. Der gesamte Kirchenraum ist erfüllt von der Freude über das Leben, den Sieg über den Tod.

Abb. 8: Labyrinth aus Chusclan (nach Kern; bearbeitete Skizze)

Dieser noch erhaltene Innenteil eines antiken Fußbodenlabyrinths aus einem römischen Privathaus in Frankreich (Abb. 8) eignet sich gut als Anschauungsmaterial, da hier die Kreuzform – wenn auch unbeabsichtigt – enthalten ist. Die Zahl der Umgänge ist nicht zu groß, so dass eine leichte Übertragung ohne allzu viel Aufwand möglich ist.

Meditationsmusik zum Labyrinth

- Chartres. Mythos der Rose, Michael W. Hensel, CD, Are Musik, 1992.
  Hierbei handelt es sich um moderne Synthesizermusik, die sämtlich um die Kathedrale von Chartres kreist. Zwei Stücke sind speziell dem Labyrinth gewidmet.
- Chartres, Paul Giger, CD, ECM, 1989.
  Der Geiger Giger hat eigene Kompositionen moderner Musik an entsprechenden Orten in der Kathedrale zu Chartres eingespielt. Ein Stück greift das dortige Labyrinth auf.
- Schattenwelt, Paul Giger, CD, ECM, 1993.
  Auch hier finden sich Kompositionen von Giger. Eine trägt den Titel »Creating the Labyrinth«.

Gründonnerstag: Anregungen für eine Meditationsnacht – »Verschlungene Wege«

Die Gruppe trifft sich am Labyrinth vor dem Altar.

Ein langer Weg führt durch diese Nacht. Viele Stationen, Orte, Personen erwarten uns. Und immer wieder: Entscheidungen. Der Weg kann so oder so weitergehen. Wendepunkte bestimmen den Weg.

Für einen gibt es kein Zurück: Jesus. Das ist sein Weg bis zum bitteren Ende.

Wir sind hier, um den Weg dieser Nacht nachzugehen. Ein altes Symbol hilft uns dabei: das Labyrinth. Genau genommen ist es nur die Mitte, der Rest eines alten, römischen Fußbodenlabyrinths.

Wer sich auf den Weg in das Labyrinth macht, den führt er nach innen, hinein in die eigenen Lebenswege. Und auf diesem Weg geht's auch wieder heraus – aber anders. Verwandelt, geändert werden wir von hier weggehen.

An einigen Stellen im Labyrinth machen wir Halt und geben diesem Labyrinth unsere Gestalt. Jeder Halt läuft in etwa gleich ab:

- Lied auf dem Weg (hier eignet sich der Ruf »Bleibet hier und wachet mit mir«),
- Text(e),
- Meditation/Musik,
- Symbol ablegen.

Das ist keine Nacht der großen Worte, zumindest nicht solcher, die Bestand haben werden; eher eine Nacht des Schweigens, der Stille – deshalb halten wir auch zwischen den Stationen Schweigen, Stille …

Wer sich auf den Weg macht, muss wissen, wo er steht, wo er losgeht. Bevor wir uns aufmachen auf die Wege der Nacht, bleiben wir stehen … vergewissern wir uns des Bodens, auf dem wir stehen.

Es folgt eine kurze Meditation in stehender Haltung.

Vier Berichte haben wir von dieser Nacht. Jeder der Evangelisten berichtet aus seiner Perspektive, was geschah und wie er die Ereignisse dieser Nacht deutet. Den vermutlich ältesten und auch kürzesten Bericht, den des Markus, haben wir für heute ausgewählt. Mit Worten aus dieser Schrift begleiten wir Jesus vom Abend des Gründonnerstags bis zum Morgen des Karfreitags durch diese Nacht.

Um den Altar setzen.

Das Mahl

Auf dem Altar steht eine Schale mit ungesäuertem Brot, eventuell ein siebenarmiger Leuchter; die Kerzen sind entzündet. Mk 14,17–26, der Bericht über das endende Abendmahl, wird gelesen.

Das Fest ist aus. Der Tisch wird abgeräumt. Am Gründonnerstag gehört das zum Gottesdienst dazu: Der Altar wird vollkommen leer geräumt. Mit dieser symbolischen Geste gehen auch wir in diese Nacht hinein.

In Stille wird alles weggeräumt. Die Schale mit Brot bleibt übrig. Es folgt eine Meditation zu diesem Brot:

Brot in der Mitte;
ungesäuertes Brot – Brot, das keine Zeit braucht, um gebacken zu werden;
im Pessachfest erinnert es an Israels Flucht aus Ägypten – keine Zeit für Vorbereitung/Materialien.
Dieses Pessach hat Jesus mit seinen Freunden an diesem Abend gefeiert.
Brot – Nahrung für viele.
Brot ist mehr als ein Lebensmittel, etwas, das satt macht.
Brot steht für das, was wir dringend zum Leben brauchen.
Wenn wir es miteinander teilen, bedeutet es Gemeinschaft unter uns.
Wir reichen das Brot herum und brechen es.
Jeder behält ein Stück Brot in der Hand.

Das Brot herumreichen und brechen …

Brot in unserer Hand.
Wir schauen es an, dieses kleine Stückchen Brot.
Wir riechen daran und nehmen seinen Geruch in uns auf.
Wir essen das Brot und schmecken es.
Während wir kauen und essen, schließen wir die Augen.
Wir denken an jemanden, der uns nahe ist.
Wir erinnern uns an Menschen,
mit denen wir das Brot gebrochen haben.
Dieses kleine Stück Brot wird für uns
zum Brot der Erinnerung.

Die Schale mit dem ungesäuerten Brot an den Eingang des Labyrinths ablegen.

Verlassensein/Einsamkeit

Die Gruppe versammelt sich am Tabernakel. Es folgt der Schrifttext Mk 14,27–31.

Einsam sein, allein sein. Wer ist das schon gerne? Aber wir sind's! Wir merken, auf andere ist kein Verlass, die verlassen uns. Dann sind wir allein.

Einsamkeit kennt Gefühle, Farben. Versucht einmal, in Farben das Gefühl der Einsamkeit nachzuempfinden und auszudrücken.

Die Teilnehmenden gestalten gemeinsam ein Blatt zum Stichwort »Einsamkeit« (s. o., Abb. 7 b).

Hier am Tabernakel brennt ein kleines rotes Licht – am Tag und in der Nacht unserer Einsamkeit und Verlassenheit. Dieses Licht sagt: Auch wenn ihr einsam seid, wenn alle euch verlassen, wenn keiner mehr zu euch steht – ich bleibe!

Das gestaltete Blatt »Einsamkeit« wird in das Labyrinth gelegt.

Eingeschlafen

Dieser Halt kann am Eingang der Kirche oder am Turm, vielleicht sogar in Nähe der Turmuhr stattfinden. Es folgt die Lesung des Textes Mk 14,32–42 und eine kurze Einführung in die Thematik:

Eingeschlafen. Einfach verschlafen. Das ist so, als wäre der Wecker stehen geblieben, als hätte uns eine Traumwolke eingehüllt. So manche Zeit im Leben verschlafen wir auch. Auch mit offenen Augen. Selbst hier unten am Kirchturm mit der Uhr oben drauf. Tagein, tagaus schlägt sie laut hörbar die Zeit. Wie gehen wir eigentlich mit unserer Zeit um?

In einer Meditation zum Thema Zeit wird die Thematik vertieft. Hilfreich hierbei kann das laute Ticken einer Uhr bzw. eines Metronoms sein. Die unterschiedlichen Takte des Metronoms werden aufgenom-

men und mit eigenen Empfindungen oder Erlebnissen in der Erinnerung verbunden.

Die Gruppe betet gemeinsam ein Gebet über die Zeit:

Herr meiner Stunden und meiner Jahre,
du hast mir viel Zeit gegeben.
Sie liegt hinter mir
und sie liegt vor mir.
Sie war mein
und wird mein,
und ich habe sie von dir,
Ich danke dir für jeden Schlag der Uhr
und für jeden Morgen, den ich sehe.
Ich bitte dich nicht, mir mehr Zeit zu geben.
Ich bitte dich aber um viel Gelassenheit,
jede Stunde zu füllen.
Ich bitte dich um Sorgfalt,
dass ich meine Zeit nicht töte,
nicht vertreibe, nicht verderbe.
Jede Stunde ist ein Streifen Land.
Ich möchte ihn aufreißen mit dem Pflug,
ich möchte Liebe hineinwerfen,
Gedanken und Gespräche und Erinnerungen,
damit Frucht wächst.
Segne du meine Tage.
(Jörg Zink)

Das Symbol »Uhr« wird ins Labyrinth gelegt.

▶ *Lied:* »Bleibet hier und wachet mit mir«

Verrat I

Hier bietet es sich an, in verteilten Rollen, am besten sogar in der Kirche verteilt, den Abschnitt Mk 14,43–46 zu lesen. Ein kurzer Einstieg in die Thematik:

Festgenommen, gefesselt. Manches fesselt mich, weil ich so begeistert bin. Anderes fesselt mich, nimmt mich fest, so dass ich nicht entkommen kann, festgelegt bin. Keine Möglichkeit zur Flucht mehr. Freiheit, die mich einschränkt.

Was fesselt uns? Welche Fesseln, Zwänge würden wir gerne mal abstreifen?

Die Teilnehmer(innen) bekommen Handschellen und Stoff-Fesseln zum Betasten. Anschließend werden die Fesseln in das Labyrinth abgelegt.

▶ *Lied:* »Bleibet hier und wachet mit mir«

Gewalt

In einigen Kirchen finden sich Gedenktafeln für Kriegstote. Solch ein Ort eignet sich für diese Station besonders. Es folgt die Stelle der Passion (Mk 14,47–52) und eine kurze Einführung:

Die nackte Gewalt – im wahrsten Sinn des Wortes. Auch ein Weg: einfach draufhauen. Nicht mehr ein noch aus wissen und einfach draufhauen.

Wir stehen hier an der Kirche an dem Ort, an dem ausdrücklich der Opfer der Gewalt und des Terrors, der Vermissten und Gefallenen und hoffentlich auch der vielen Ungenannten, gedacht wird. Die Gewalt, der Terror, in wessen Namen auch immer, ist kein Weg, und *sein* Weg ist's schon gar nicht.

Der Weg in die Mitte des Labyrinths ist ein Weg zum Kampf. So erzählt es zumindest die antike Sage: Im Kern des Labyrinths kämpft Theseus mit dem Ungeheuer und siegt. Früher wurde oft dieser Kampf in der Mitte dargestellt.

Der Weg Jesu ist anders. Auch er kämpft, aber anders.
Ist das ein Weg? Am Ende bleibt nur Schmerz ...?

Verbandmaterial, Schlagstock oder Baseballschläger werden als Zeichen der Gewalt in das Labyrinth gebracht.

▶ *Lied:* »Bleibet hier und wachet mit mir «

Lügen

Die Gruppe versammelt sich in der Mitte der Kirche und hört Mk 14,53–65, gelesen in verteilten Rollen. In der kurzen Einführung wird das Thema Lüge, Reden über andere angesprochen:

Wie ist das mit der Wahrheit über einen Menschen? »Hast du schon gehört ...« Wir reden viel über andere. Da stehen so einige plötzlich in der Mitte des Geschwätzes und Tratsches, ohne dass sie davon wissen oder auch nur ahnen. Ständig beurteilen wir andere, stellen Zeugnisse aus, ungeschrieben: »Wie der aussieht ...«

Eine Geschichte erzählt:

> »Ich werde es bestimmt nicht wieder tun«, versprach der Nachbar. »Ich nehme alles zurück, was ich über Euch erzählt habe.«
> Künzelmann sah den andern ernst an. »Ich habe keinen Grund, meinen Nachbarn in ein Unglück zu stürzen«, erwiderte er. »Jedoch verlangt jede böse Tat ihre Sühne.«
> »Ich bin gern zu allem bereit.«
> Künzelmann erhob sich, ging in den Stall und kam mit einem geschlachteten Hahn zurück. »Tragt diesen Hahn in Euer Haus, das hundert Schritt von dem meinen steht«, sagte er. »Dann kommt langsam wieder zurück und rupft den Hahn unterwegs, eine Feder nach rechts und eine Feder nach links werfend. Dies ist der Sühne erster Teil.«
> Der Nachbar tat, wie ihm geheißen. Und als er wieder vor Künzelmann stand und ihm den gerupften Hahn überreichte, fragte er: »Und der zweite Teil meiner Buße?«
> »Geht jetzt wieder den Weg in Euer Haus zurück und sammelt alle Federn wieder ein!«

Der Nachbar stammelte verwirrt: »Ich kann doch die Federn unmöglich wieder sammeln! Ich streute sie wahllos aus, warf eine hierhin und eine dorthin. Inzwischen hat der Wind sie längst in alle Himmelsrichtungen getragen. Wie könnte ich sie alle wieder einfangen?«
Künzelmann nickte ernst: »Dies wollte ich nur hören! Genauso ist es mit der üblen Nachrede und den Verleumdungen. Einmal ausgestreut, laufen sie durch alle Winde, wir wissen nicht, wohin. Wie kann man sie also einfach wieder zurücknehmen?«
(Jo Hanns Rösler)[1]

Als Symbole können ein Zeugnis oder Federn eingebracht werden. Jeder nimmt eine Feder zur Hand und bedenkt sie in Stille. Anschließend wird gelesen:

Unaufhaltsam

Das eigene Wort,
wer holt es zurück,
das lebendige
eben noch ungesprochene
Wort?

Wo das Wort vorbeifliegt
verdorren die Gräser,
werden die Blätter gelb,
fällt Schnee.
Ein Vogel käme dir wieder.
Nicht dein Wort,
das eben noch ungesagte,
in deinen Mund.
Du schickst andere Worte
hinterdrein,
Worte mit bunten, weichen Federn.

Das Wort ist schneller,
das schwarze Wort.
Es kommt immer an,
es hört nicht auf, an-
zukommen.

Besser ein Messer als ein Wort.
Ein Messer kann stumpf sein.
Ein Messer trifft oft
am Herzen vorbei.
Nicht das Wort.

Am Ende ist das Wort,
immer
am Ende
das Wort.
(Hilde Domin)[1]

Die Federn werden in die Gänge des Labyrinths abgelegt.

▶ *Lied:* »Bleibet hier und wachet mit mir«

Verrat II

Vor dem Altar in der Mitte wird der nächste Abschnitt (Mk 14,66–72) in verteilten Rollen gelesen.

Der Hahn, so haben wir gehört, wird zum Zeichen des Verrats. Eine bittere Enttäuschung: Petrus ist bitter enttäuscht von sich selbst; er weint. Von sich selbst enttäuscht sein, überrascht, dass man so wenig fertig bringt. Bei der erstbesten Gelegenheit umfällt, den anderen Recht gibt, obwohl

---

1 H. Domin, Unaufhaltsam. Aus: dies., Gesammelte Gedichte © S. Fischer Verlag, Frankfurt a.M. 1987; vgl. auch: A. Rotzetter, Spirituelle Lebenskultur, 92. Hier findet sich auch eine Textarbeit Rotzetters, die sich auf das göttliche Wort und seine Wirkung bezieht.

man doch anderer Meinung ist. Es gibt viele Zeichen, die vom Verrat erzählen.

Auf jeder Kirche steht ein Hahn. Das kann zu denken geben. Hier treffen sich Menschen, die darum wissen, dass sie selbst verraten. Das sind keine Helden, die in den Bänken sitzen. Das sind Leute wie du und ich. Menschen, die auch von den tiefen Abgründen der Enttäuschung wissen.

Ein Hahn oder anderes persönliches Symbol des Verrats wird in Knete geformt und anschließend ins Labyrinth gelegt. Abschließend versammeln sich alle um das Labyrinth und betrachten die Entwicklung. Hierzu wird Mk 15,1 gelesen. Kurze abschließende Hinweise könnten lauten:

Unser Weg ins Labyrinth hat Gestalt bekommen. In das ganze Labyrinth ist die Kreuzform eingeprägt. Der Karfreitag, das Kreuz kommt auf uns zu … Das ist aber noch lange nicht das Ende! Es gibt auch einen Weg hinaus, vom Kreuz zum Leben: Ostern. Das ist unsere Hoffnung, Wir wollen nicht gehen, ohne von dieser Hoffnung zu singen..

▸ *Lied:* »Wir preisen deinen Tod«

Am Karfreitag

Zur Einstimmung

Solange wir leben,
müssen wir sterben,
damit wir nicht sterben,
wenn wir sterben.

Hinweis für Kirchenbesucher

Lieber Besucher, liebe Besucherin dieser Kirche!

Sie werden sich wundern, in der Kirche ein Labyrinth zu finden. In zahlreichen Kirchen in Frankreich gab oder gibt es bis heute große Labyrinthe auf dem Fußboden. Sie laden die Besuchenden ein, den Weg in die Mitte als Weg durch das eigene Leben zu gehen. Auch dieses Labyrinth lädt ein, nachgegangen zu werden.

In der Nacht vor Jesu Leiden haben wir in einer Meditationsnacht die ersten Schritte hinein in die Höhle des Todes gewagt. Dieser Weg zum Karfreitag hat Spuren auf den Wegen des Labyrinths hinterlassen. Karfreitag und Karsamstag sind jene Tage, an denen wir den Weg Jesu in das Dunkel und die Verlassenheit des Todes nachgehen. In der Mitte ist ein großes Kreuz zu finden. In der Osternacht schließlich erwacht das Labyrinth zu neuem Leben. Die Mitte wird fortan nicht mehr vom Kreuz beherrscht, sondern von der leuchtenden Osterkerze. Sie ist Symbol für den Sieg Jesu über den Tod. Gott hat Jesus auferweckt und so als Herrn der Welt erwiesen. Das aufbrechende Leben bestimmt das Labyrinth von der Mitte aus. In den Wochen der Osterzeit gehen wir den Weg Jesu zum neuen Leben weiter mit. Die Ostererzählungen der Bibel begleiten uns hierbei.

Wir möchten Sie einladen, sich in diesem Labyrinth auf den Weg zu machen. Gehen Sie ruhig einmal mit den Augen den Weg nach. Sie werden schnell merken, dass man hierbei – im wahrsten Sinne des Wortes – nicht einfach stehen bleiben kann.

Stille

Meditationstext

Es gibt nur einen schmalen Einschlupf in das Labyrinth.
Nur hier kannst du eintreten.
Es ist nicht einfach; der Lärm muss draußen bleiben.

Unterwegs weißt du meistens nicht, wo du bist, ob nah oder fern dem Ziel.
Scheint es nah, ist es gleich darauf ungewiss –
wie immer auf dem Lebensweg.

Aber gib nicht auf! Geh Schritt für Schritt, die Mitte umkreisend,
wenn du sie findest, findest du dich selbst,
deine eigene Mitte und zugleich Gott,
der alles umfasst und in dem die Welt,
ein jeder Mensch und du selbst,
ihren Grund haben.
(Hubertus Halbfas)[1]

Einleitung zur Feier

Das alte Symbol Labyrinth begleitet uns durch die Feier des Sterbens und Todes Jesu. Der lange, verschlungene Weg lädt ein, selbst aufzubrechen. Gestern Abend haben wir bereits die ersten Schritte des Kreuzwegs in die Nacht hinein gewagt. Jedes der Zeichen auf dem Weg erzählt von einer Station – von einem Haltepunkt der Entscheidung – des letzten Weges Jesu. Jetzt machen wir uns gemeinsam auf zur Mitte: zum Kreuz.

Zur Passion
Wir hören vom Weg Jesu hinein in das Labyrinth des Todes. Überall auf diesem Weg finden sich Begegnungen, die zu Entscheidungen werden. Auf vielen Umwegen führt der Weg Jesu doch in die Mitte: zum Tod am Kreuz.

Zur Kreuzverehrung
Die Kreuzverehrung fordert uns heraus. Im Weg zum Kreuz gehen wir heute schon einen Teil des Weges in die Höhle des Todes. Unsere Niederlagen und Enttäuschungen tragen wir

1 H. Halbfas, Religionsbuch für das 4. Schuljahr, 6. © Patmos Verlag, Düsseldorf 1986.

zum Kreuz, in der Hoffnung, dass hier die Wandlung zum neuen Leben ihren Anfang nimmt.

Gebet

Gott,
wir müssen erkennen,
dass unser Leben nicht in unseren Händen liegt.
In vielen kleinen Schritten führt unser Weg
ins Dunkel des Todes.
Gib uns den Mut, schon heute
aus der Hand zu geben,
was wir nicht halten können,
damit wir deiner wandelnden Kraft in uns
den Weg bahnen.

Gedanken zur Deutung

Die alte griechische Sage vom Labyrinth erzählt, dass in der Mitte des Labyrinths Minotaurus, das stiermenschliche Ungeheuer, lauert. Regelmäßig fordert er Menschenopfer. Theseus, der Königssohn aus Athen, macht sich auf, um durch die verwinkelten, dunklen Gänge des Labyrinths hindurch jene Mitte des Todeswesens zu finden und es zu besiegen. Ariadne, die Tochter des Königs, gibt Theseus einen Faden mit, damit er durch die gewundenen Labyrinth-Gänge den Ausgang wiederfindet. Theseus besiegt das Ungeheuer und findet mit Hilfe des Fadens wieder ins Freie.

Im Mittelalter wird diese Sage und das Labyrinth als Bild für den Weg Jesu gesehen. Jesus geht hinein in den Herrschaftsbereich des Todes und besiegt den Tod. Er steigt hinab zu den Toten.

In den Gängen der großen Labyrinthe der Kathedralen wurde tatsächlich der Kreuzweg, dieser Weg Jesu hinein in den Tod, gebetet. Die Menschen haben sich selbst aufgemacht, diesen Weg zum Tod nachzugehen. Sinnenfälliger kann man den Karfreitag wohl nicht be-gehen.

Wir sind heute auch nicht einfach Zuschauer, die einem Spektakel beiwohnen. Schritt für Schritt geschieht alles, was auf diesem Weg zum Kreuz vorgeht, an uns. Und alles, was in uns ist, ist dort mit abgebildet.[1] Die vielen kleinen Tode unseres Lebens finden sich auf diesem Weg.

Alle wollen alt werden, aber alt sein will keiner – so lautet das Motto unserer Zeit. Niemand von uns wird jünger. Unsere Lebenskraft, unsere Fähigkeiten nehmen ab. Wir müssen uns langsam verabschieden von unserem Leben. Mit Mittelchen hier und da lässt sich das vielleicht eine Zeit lang herauszögern, aber abwenden lässt sich's nicht. Auch das kann uns wandeln. Warum krampfhaft festhalten an dem, was sich sowieso nicht halten lässt?

Und dann die Mitte: »Die tiefste Verwandlung, die uns erwartet, wird der Tod sein.«[2] Da führt kein Weg dran vorbei. Im Tod verdichtet sich die Erfahrung unseres Lebens, dass wir Verwandlung nicht bewirken, nicht machen können. An uns ist es, sich dem Wandel nicht in den Weg zu stellen, sondern ihn als Chance zu sehen.

In der Mitte des Labyrinths, dem Todesort, finden wir Hände. Als würden sie aus dem Boden herausragen, händeringend nach Hilfe suchend. Totenblasse, weiße Hände. Allesamt offene Hände. Hände, die loslassen, aber auch Hände, die verzweifelt nach Halt suchen, können wir sehen. Diese Hände erzählen vom Leben – Stationen, Orte der Wandlung unseres Lebens werden in ihnen vielleicht lebendig.

Wer aufmerksam hinsieht, erkennt: Die Hände bilden ein Kreuz.

Sein Kreuz findet sich in unseren Händen. In unserem Kreuz findet sich seine Hand.

Im Tod müssen uns ganz und gar dem verwandelnden Gott überlassen. Wenn wir alles aus der Hand geben, dann wird seine Hand uns neu formen.

Bis in diese letzte Verlassenheit, bis ins Totenreich hinein wagt sich der Gekreuzigte. Was wir im Glaubensbekenntnis

---

1 Vgl. hierzu die Gedanken von Zink, 118 ff.

2 Grün, 92. Vgl. zum Folgenden Grün, 87 ff.

vielleicht oft so gedankenlos dahersagen: » … hinabgestiegen in das Reich des Todes«, bekommt hier einen ganz anderen Klang. Im Kreuz steigt ER hinab in unsere Tode. Selbst hier begegnen wir Gott. Jesus lässt sich sogar da blicken, wo er selbst machtlos ist. Er hält aus, kann nichts mehr machen.

Am Ort seiner und unserer Ohnmacht, da beginnt die Verwandlung. Nicht mein Tun wandelt mich, sondern Gott wandelt mich, und das gerade da, wo ich mit meinem Tun an eine Grenze komme. Hier zerbricht der Traum vom schönen, starken, jungen, gesunden und attraktiven Menschen, der heute so oft geträumt wird. Wir brauchen nicht mehr Traumbildern hinterherzulaufen.

»Das Kreuz muss seinen Ort in uns selbst haben. Wenn es irgendwo draußen, in der Ferne von zweitausend Jahren oder in der Ferne des heutigen Leidens anderer Menschen steht … hat es seine Wirkung an uns nicht getan.«[1] Das kann schmerzlich sein, denn es hat immer mit Sterben und Loslassen zu tun. Neues kann nur geboren werden, wenn Altes abstirbt und losgelassen wird.

An diesem Ort der Wandlung in uns selbst beginnt der Ausweg aus dem Labyrinth. Wer im Angesicht des Todes, am Kreuz, einfach stehen bleibt, der findet nicht den Weg aus dem Labyrinth heraus. Wir bleiben und werden nur dann lebendig, wenn wir uns immer wieder aufmachen und wandeln lassen.

Zu Ostern

Die Osterkerze, im Licht der aufgehenden Sonne am Feuer entzündet, überragt das Kreuz. Sie verkündet uns, dass in der Tiefe der labyrinthischen Todeshöhle Christus zum Leben auferweckt wird.

In alten Handschriften des Mittelalters, die Tabellen zur Berechnung der Ostertermins enthalten (so genannte »com-

[1] Zink, 128 f.

puti«), finden sich die ersten christlichen Darstellungen eines Labyrinths.[1] Die Menschen damals wussten, was die Stunde an Ostern geschlagen hatte. In all den Zahlen und Tabellen das Labyrinth. Über all dem Irdischen und Weltlichen der Durchblick auf die Hintergründigkeit der Welt: Der Tod ist besiegt. In Christus hat das Leben den Sieg davongetragen.

An Ostern werden die ersten Schritte aus dem Labyrinth heraus – zum Leben – gegangen.[2] Schon der antiken Sage nach findet mitten im Labyrinth, in der Mitte dieser dunklen Höhle, ein Kampf auf Leben und Tod statt: Theseus, der Held, besiegt das Monster Minotaurus. Hier ist's ähnlich: Das Grab ist nicht mehr die Endstation, das letzte und endgültige »Ruhe sanft«. Das Grab ist leer. Hier wird der Tod besiegt; hier wird Jesus geweckt; hier steht er auf.

Das Labyrinth wird zum Ort der Auferweckung, des Wachwerdens! Hier ändert sich etwas in meinem Verhältnis zum Geheimnis meines Lebens und der Welt. Wir beginnen den Reiz und die Schönheit dessen zu erahnen, was wir »menschliches Leben« nennen.

Wie ist das möglich? Das Wort von der »Auferweckung« kann uns auf die Spur locken. Keiner von uns wacht auf, weil er das will, weil er es sich vorgenommen hat. Wir alle werden geweckt – sei es vom Wecker oder anderen Einflüssen. Auferweckung müssen wir an uns geschehen lassen.

Aus dem Labyrinth des Todes, aus dieser Schlafwagengesellschaft des oberflächlichen Dahinrauschens, kommen wir nur heraus, wenn wir den sprichwörtlichen »roten Faden« in die Hand nehmen. »Nur dank dieses Fadens der Ariadne fand Theseus den Weg zurück« – so steht es schon im Dom zu Lucca neben dem dortigen Labyrinth.[3]

---

1 Vgl. hierzu Kern, 147 ff.

2 Vgl. hierzu auch die Anregung, die Lesungen der Osternacht an unterschiedlichen Stellen im Labyrinth vorzunehmen und anschließend in der Mitte das Osterfeuer zu entzünden (s. o., S. 51).

3 Die vollständige Inschrift lautet: »HIC QUEM CRETICUS EDIT DEDALUS EST LABERINTHUS DE QUO NULLUS VADERE QUIVIT QUI FUIT INTUS, NI THESEUS GRATIS ADRIANE STAMINE IUTUS.«

Im Mittelalter wurde am Ostertag während des Gottesdienstes in den großen Labyrinthen der Kathedralen auf dem Fußboden getanzt und gespielt. Die freudige Seite des Lebens bricht sich hier Bahn. Über allen Erfahrungen des Scheiterns, des Versagens, des Todes wird die helle Seite des Lebens gefeiert; der Überfluss der Freude, des Festes. Denn in der Mitte des Lebenslabyrinths steht nicht mehr Tod, das Kreuz, sondern das leere Grab, die strahlende Osterkerze.

Auferstehung ist nicht ein Ereignis in der Vergangenheit oder in der Zukunft, sondern im Hier und Heute. Wie lässt sich dies besser erfahren als im Fest, im Spiel oder im Tanz?

Am Ostermorgen halten wir den Anfang dieses roten Fadens unseres Lebens in der Hand. An uns liegt es, dieser Spur durch das Labyrinth nachzugehen; uns vertrauend führen zu lassen. Die vielen Gänge des Lebens – durch so manche Finsternis hindurch – bis zu jenem Punkt entlang zu schreiten, an dem das Licht durchbricht.

Variationen

An den Sonntagen nach Ostern wird der Weg aus dem Labyrinth heraus mit Symbolen der Ostererzählungen gestaltet. So kann etwa die offene Tür für die Begegnung mit Jesus hinter verschlossenen Türen stehen; das Netz oder der Fisch für die Begegnung am See; Steine des Weges für die Emmauserzählung usw. An jeder dieser österlichen Spuren im Labyrinth wird eine kleine (evtl. selbst gestaltete) Osterkerze entzündet.

Emmaus

Die Geschichte der Emmausjünger (Lk 24,13–35) ist eine klassische Labyrinth-Geschichte. Die beiden Jünger erfahren auf ihrem Weg nach Emmaus bis zur Mitte im Mahl die Hoffnungslosigkeit und Aussichtslosigkeit der Welt und des Todes Jesu. Hier in der Mitte machen sie die Erfahrung der Wandlung: der Totgeglaubte lebt und teilt mit ihnen sein Leben. In dieser Gewissheit treten sie den Rückweg aus dem Labyrinth ins Leben an.

»Noch in derselben Stunde brachen sie auf und kehrten nach Jerusalem zurück …« (Lk 24,33). Nichts und niemand, selbst nicht die hereinbrechende Nacht oder Müdigkeit, können sie abhalten. Sie haben den roten Faden für ihr Leben gefunden: »Der Auferstandene ist uns erschienen!«

Das Labyrinth wird im Zusammenhang mit dieser Erzählung zu einem Symbol der österlichen Wandlung und Wende. Fortan geht Jesus mit den beiden Jüngern und mit allen, die sich auf den Lebensweg aus dem Labyrinth heraus begeben.

Emmausjünger

der karfreitag
die passion
die trauerklage
der kirche
um ihn

ich sah ihn
in diesen tagen
immer von vorn

noch in der
osternacht
stand er
vor mir

jetzt lese
ich lukas

der fremde
auf dem weg
an ihrer
seite

nur wenn
er stehen blieb
konnten

sie ihn
auch von
vorn sehen
nur dann

er aber
ging weiter
mit ihnen
seite an seite
(Wilhelm Bruners)[1]

Adventskalender – Der Weg zur Krippe

Ähnlich lässt sich natürlich auch die *Advents- und Weihnachtszeit* mit einem Labyrinth gestalten. Ein Gottesdienst und eine Bauanweisung für ein dreidimensionales Labyrinth nach dem Typ »Chartres« finden sich in:

- H. Helmchen (Hg.), Vitamin G. Familiengottesdienste für das Kirchenjahr, Herder 1996, 18 ff.

In der Adventszeit kann natürlich auch ein Labyrinth mit 24 Türchen als Adventskalender für Kinder dienen. Die Kinder treffen sich dann immer zur gleichen Zeit und gehen mit einer Kerze ein Stück weiter durch die Gänge des Labyrinths, bis zu dem neuen Türchen. In einer kleinen »Feierstunde« öffnen sie das jeweilige Türchen und finden dahinter ein Symbol oder eine Geschichte.[2] An Weihnachten steht schließlich in der Mitte des Labyrinths die Krippe.

---

1 W. Bruners, Und die Toten laufen frei herum. Ein Begleiter durch die österliche Zeit, © Patmos Verlag, Düsseldorf 1994, 48.

2 Besonders empfehlenswert sind hier die Veröffentlichungen im Verlag Bergmoser + Höller, etwa: Barbara Cratzius, »Wie Aaron nach Bethlehem kam«. Fensterbild-Adventskalender mit Begleitbuch, Bergmoser + Höller, Karl-Friedrich-Str. 76, 52072 Aachen.

Der Weg zu Gott – Das Labyrinth im Gottesdienst

Die Geschichte Gottes mit den Menschen ist immer eine Geschichte voller Überraschungen und Wandlungen. Der Lebensweg derer, die sich auf den Weg mit Gott einlassen, verläuft in den seltensten Fällen geradlinig. Viele Umwege, Wendungen und Wechsel bestimmen den Weg. Eines aber ist allen gemeinsam: Der Weg ändert die Gehenden. Am Ende des Wegs steht nicht mehr der Gleiche, der sich zu Beginn aufmachte.

So kann gerade das Symbol Labyrinth diese Wege erhellend erschließen. Über die Vermittlung durch das Labyrinth ist vielleicht auch eine tiefere Einsicht in die eigenen aktuellen Lebenswege und Geschichten mit Gott möglich.

Lebensziel im Labyrinth – Das Labyrinth von Chartres nach Sieger Köder

»Denn der Herr, ihr Gott, wird über ihnen leuchten …«
(Offb 22,5)

Inhalt

Die Mitfeiernden sollen sich in diesem Gottesdienst bewusst werden, dass Gott mit ihnen auf ihrem Weg ist. Erreichen sie ein Ziel in ihrem Leben, so freut sich Gott mit ihnen – sind sie auf dem Weg, so geht Gott mit ihnen. Das Vertrauen und die Erfahrung, dass Gott mit seiner Liebe immer um uns ist und uns auch in allen Dunkelheiten leuchtet, ist Grund für Dank und Jubel.

Abb. 9: © Sieger Köder, Labyrinth und Rose

Materialien/Vorbereitung

- DIN-A 4-Kopie des Labyrinths von Chartres (Abb. 6) für jeden Teilnehmenden
- Musikanlage, Tonträger
- Stifte, DIN-A 4-Blätter, Schere
- Liedblätter
- Plakate mit Impulssätzen
- Diaprojektor, Dia »Denn der Herr …« von Sieger Köder[1]

Durchführung

Einstimmung
Der Gottesdienst wird im Namen des dreieinigen Gottes eröffnet und die Teilnehmenden werden begrüßt. Der Gottesdienstleiter führt kurz in die Thematik ein: »Gott ist mit uns auf unserem Lebensweg und erwartet uns am Ziel.« Er teilt für alle jeweils eine Kopie und ein leeres Blatt aus und liest dann – eventuell zu ruhiger Musik – folgenden Besinnungstext vor:

> Du siehst vor dir gewundene und gebogene Pfade und machst den ersten Schritt hinein ins Labyrinth deines Lebens.
> Langsam und vorsichtig wagst du dich hinein
> und findest dich mittendrin im Gewirr des Weges.
> Bald gewinnst du Lust am Vorwärtskommen
> und verlierst die erste Angst.
>
> Doch plötzlich schlägt der Weg eine andere Richtung ein.
> Eine Grenze versperrt dir das Weiterkommen.
> Mauern stellen sich dir in den Weg,
> behindern dich im Fortkommen.
> Du musst deine Richtung ändern, dich neu orientieren.

---

[1] Plakate, Karten, Dias zu bestellen bei: Schwabenverlag, Senefelder Str. 12, 73760 Ostfildern.

Die Lust am schnellen Vorwärtskommen ist wie weggeblasen,
die Sicherheit ist verloren.
Alleine musst du deinen Weg weitergehen,
du fühlst dich einsam und hast den Überblick verloren.
Wie wird der Weg weitergehen?
Wie oft werde ich eine neue Richtung einschlagen müssen?
Was stellt sich mir alles in den Weg?
Werde ich mein Ziel unbeschadet erreichen?

Doch die Hoffnung lebt in dir,
denn du weißt um die Mitte,
sie gibt dir Mut, sie muntert dich auf weiterzumachen,
sie verspricht dir Zukunft.

Wenn ich mein Leben als einen Weg durch ein Labyrinth sehe,
dann erlebe ich Ängste und Unsicherheiten
und weiß doch, dass der Weg ein Ziel hat:
Gott, er ist die Mitte,
und sind meine Wege noch so verschlungen,
Gott trägt und begleitet mich,
wartet auf mich in der Mitte meines Lebens.

Labyrinth nachfahren

Jetzt bittet der Leiter die Teilnehmenden, das leere Blatt zu halbieren und in der Mitte des Knicks ein kleines Dreieck auszuschneiden, so dass ein kleines Loch in der Mitte des aufgeklappten Papiers entsteht. Nun sollen die Teilnehmenden ihren Weg antreten, indem sie den Stift durch das Papier stecken und mit dem Blatt als »Sichtschutz« durch das Labyrinth bis zur Mitte fahren. Dabei ist darauf hinzuweisen, dass alle ihr eigenes Tempo zeichnen und nach Möglichkeit nicht über die Wände malen sollen. Für einen besinnlicheren Rahmen sorgt eine meditative Musik. Bevor es losgeht, weist der Leiter darauf hin, dass er das Ende der Übung bekannt gibt, wenn alle fertig sind.

Gemeinsames Beenden
Der Gottesdienstleiter bittet die Teilnehmenden, den Weg im Labyrinth nochmals (ohne Sichtschutz) zu betrachten und Auffälligkeiten und Eindrücke mit dem eigenen Lebensweg in Verbindung zu bringen. Als gemeinsamen Abschluss dieser Besinnung sollen alle ihren Namen in die Mitte des Labyrinths schreiben. Zum Abschluss wird gemeinsam ein thematisch passendes Lied gesungen, beispielsweise:

▸ *Lied:* »Geh mit uns auf unserm Weg«

Schreibgespräch
Um die ruhige und besinnliche Atmosphäre zu wahren, aber trotzdem eine Möglichkeit des Austauschs zu gewähren, fordert der Gottesdienstleiter die Teilnehmenden auf, ihre persönlichen Erfahrungen auf vorbereitete Plakate zu notieren. Mögliche Impulssätze können sein:

- »Wendepunkte in meinem Leben«
- »Gerade Wege in meinem Leben«
- »Unübersichtliche Abschnitte meines Lebens«
- »Die Mitte meines Lebens«
- »Prägende Wegbegleiter auf meinem Weg«
- »Wichtige Ereignisse außerhalb meines Bereichs« …

Freie Fürbitten
Haben sich alle wieder zu ihrem Platz begeben, lädt der Gottesdienstleiter dazu ein, aus den erinnerten Erfahrungen »Worte an Gott« zu formulieren. Dabei wäre es wichtig, dass die Teilnehmenden sehr wohl die gewohnte Form der Fürbitten verlassen und einfache, den Empfindungen entsprechende Sätze formulieren können. Ein Fürbittruf schließt jeweils die Gedanken ab.

Betrachtung des Dias (zu Offb 22,5) von Sieger Köder: Hier folgt als gemeinsame Überleitung das Lied: »Wenn das Brot, das wir teilen, als Rose blüht« (1.–3. Strophe).

Dankmeditation

Herr, wir danken dir. Du bist bei uns auf unserem Weg. Der Weg zur Mitte ist oft eng und verschlungen, lang und beschwerlich. Und auch scheinbare Umwege bleiben uns nicht erspart. In der Mitte des Labyrinths aber wachsen die Rosen. Dem toten Stein entspringt blühendes Leben, leuchtend rot. Rote Rosen, das Symbol der Liebe. Im Zentrum die Liebe. Eine Liebe, die stärker ist als der Tod. Eine Liebe, die das Ende aller Ausweglosigkeiten ist. Eine Liebe, die unendlich ist, weil sie deine Liebe ist, die unsere kleine Welt übersteigt.

Herr, wir danken dir. Für die Erfahrungen in deinem Haus. Über den Rosen sehen wir das herrliche Westfenster der Kathedrale – eine Rose aus Stein und Glas, eine Rosette. Dieses Kunstwerk menschlicher Hände lässt deine Güte und Freundlichkeit durchscheinen, öffnet uns den Blick über unsere Mauern hinaus in deine bunte Vielfalt. Durch diese Fenster fällt das Licht auf die Rosen, auf das Labyrinth. Ohne dieses Licht, ohne dein Licht gäbe es kein Leben. Ohne Licht bleibt auch das schönste Glas matt und düster, ohne Licht regt sich nichts auf dem steinigen Boden unseres Alltags.

Herr, wir danken dir. Wir gehen unseren Weg nicht allein. Jesus Christus ist den schmalen und schwierigen Weg vorausgegangen. Seit seinem Sieg über den Tod inmitten der Welt folgen ihm immer wieder Menschen auf seinem Weg. Wir danken dir für diese Menschen, die mit uns gemeinsam auf dem Weg sind zu dir. Wenn wir alle, Jung und Alt, Reich und Arm, fröhlich und traurig miteinander auf die Suche nach unserer Mitte, nach dir gehen, dann bist du mitten unter uns und wir sind deine Kirche: das wandernde Volk Gottes inmitten der Welt. Und du mit uns – deine Zusage gilt für alle Zeiten. Dafür danken wir dir. »Seid gewiss, ich bin bei euch alle Tage bis zum Ende der Welt!« (Mt 28,20)

Das *Vater unser* wird von allen gemeinsam und stehend gebetet.

Abschluss
Entweder kann man den Teilnehmenden eine Rose mit auf den Weg geben oder aber sie selbst auffordern, jemandem, dem man schon lange einmal danken wollte, eine Rose zu schenken. Zum Abschluss dienen Strophen eins und vier vom Lied: »Wenn das Brot, das wir teilen, als Rose blüht« sowie die fünfte Strophe: »Wenn das Leid, das wir tragen, den Weg uns weist, und der Tod, den wir sterben, vom Leben singt ...«[1]

Variationsmöglichkeiten / Gebete zur Auswahl

Ich möchte dir dienen und ich finde den Weg nicht.
Ich möchte das Gute tun und ich finde den Weg nicht.
Ich möchte dich finden und ich finde den Weg nicht.
Ich möchte dich lieben und ich finde den Weg nicht.
Ich kenne dich noch nicht, mein Jesus,
weil ich dich nicht suche.
Ich suche dich und ich finde dich nicht;
komm zu mir, mein Jesus.
Ich werde dich niemals lieben,
wenn du mir nicht hilfst, mein Jesus.
Zerschneide meine Fesseln,
wenn du mich haben willst, mein Jesus.
Jesus, sei mir Jesus.
(Hl. Philipp Neri)

Gott, Vater aller Menschen, du bittest jeden von uns, Liebe dorthin zu tragen, wo Arme erniedrigt werden, Freude dorthin, wo die Kirche entmutigt ist, und Versöhnung dorthin, wo Menschen voneinander getrennt sind, der Vater vom Sohn, die Mutter von der Tochter, der Mann von seiner Frau, der Glaubende von dem, der nicht glauben kann, der Christ von seinem nicht geliebten christlichen Bruder.

[1] Text: Claus Peter März. Musik: Kurt Grahl.

Du bahnst uns diesen Weg, damit der verwundete Leib Jesu Christi, deine Kirche, Ferment der Gemeinschaft für die Armen der Erde und für die ganze Menschheitsfamilie sei. Amen.
(Mutter Teresa und Frère Roger Schutz)

Gott, viele Menschen sind mit ihrem Leben unzufrieden und unglücklich, weil sie mit den Anforderungen und Umständen nicht fertig werden. Sei du der Halt in ihrem Leben.
Gott, für einige Menschen wird das Leben sinnlos, sie haben ihre Lebensziele aufgegeben. Traurig resignieren sie, weil ihre Träume sich nicht erfüllen. Sei du ihre Hoffnung.
Gott, das menschliche Leben braucht eine Mitte und Orientierung. Für einige Menschen gerät es aus den Fugen, weil sie keine Mitte mehr haben. Werde du ihre Mitte.
Gott, es gibt Augenblicke der Freude, der Zufriedenheit und des Glücks in unserem Leben. In solchen Momenten spüren wir, dass wir der Mitte, dass wir dir ganz nahe sind. Sei du der Grund unseres Lebens.
Gott, das Labyrinth ist das Sinnbild für unser Leben und für unseren Glauben. Begleite du unseren kurvenreichen Weg, damit wir das Ziel erreichen.

Hineingezogen in die Fülle des Lebens – Das Misereor-Hungertuch 2000

» … schon erschaffe ich einen neuen Himmel und eine neue Erde.« (Jes 65,17)

Inhalt

In diesem Gottesdienst zum Misereor-Hungertuch 2000 wird dessen zentrale Botschaft des Neubeginns anlässlich des Jubeljahres aufgenommen. Das im Bild enthaltene Strukturelement der Spirale – als der einfachsten Labyrinth-Form – dient der Vergewisserung der eigenen Unheilerfahrungen und Sehnsüchte nach einem besseren Leben.

Die Bilder auf dem Hungertuch sind nicht einfach wahllos nebeneinander gestellt. Eine immer enger zulaufende Spirale verbirgt sich in der Anordnung. Der pulsierende Rhythmus des Lebens und der Schöpfung ist in dieser Spirale verborgen. Der verschlungene Weg durchs Leben führt in eine Mitte, wie im Labyrinth. Die dunklen Bilder des Unheils am Rande werden nach innen hin immer heller und strahlender. Ein großes Festessen ist die Mitte. »In die Fülle des Lebens eintreten«, könnte als Überschrift über diesem Weg stehen.

Das ist ein alter Traum der Menschen: Unser Leben geht gut aus; es läuft auf ein großes Fest zu. Der Prophet Jesaja erzählt diesen Traum als Verheißung Gottes für die Menschen in der Bibel (vgl. Jes 65,17 ff.). Die Erinnerung daran wird im Volk Israel auch über die Institution des Jubeljahres wach gehalten. In diesem Jahr ist Neubeginn und Befreiung möglich, so dass die Fülle des Lebens konkret erfahrbar wird.

Wir wissen, dass in den Kathedralen mit Labyrinthen auf dem Fußboden die Menschen diese erst durchschritten, bevor sie weitergingen. In diesem Gehen sind sie symbolhaft ihren eigenen Lebensweg nachgegangen, sowohl mit den eigenen Unheilserfahrungen als auch mit der großen Sehnsucht nach einem gelingenden und erfüllten Leben. Die Spirale im Hungertuch kann Anregung sein, sich im Sinne dieser alten Tradition selbst auf den Weg in die Bilder des eigenen Lebens zu machen.

Abb. 10: Misereor-Hungertuch: »Ein Jahr, das Gott gefällt – Neubeginn und Befreiung«

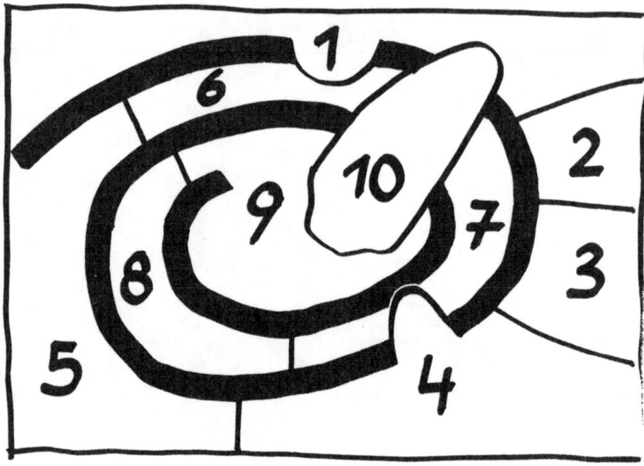

Abb. 11: Verdeutlichung der spiralförmigen Anordnung der Bilder auf dem Tuch

Materialien/Vorbereitung

- Misereor-Hungertuch, wenn möglich auf Folie
- Stoff- bzw. Papierbahn mit Spirale
- Ausmalvorlage: Spirale mit Lebensbaum (Abb. 12)
- Material zum Malen (Wachsmalstifte, Wasserfarben, Fingerfarben)
- eventuell ein großes Seil (von Baumarkt oder Feuerwehr) zum Legen der Spirale auf dem Hungertuch
- Meditationsmusik zum Betrachten bzw. Gestalten der eigenen Lebensspirale
- Biblischer Text: Jes 65,17–25
- Informationen zum Hungertuch und zur Geschichte des Jubeljahres: Misereor hat dazu eine Reihe von Arbeitshilfen vorgelegt. Das Faltblatt mit einem kurzen Überblick und auch das ausführlichere Arbeitsheft zum Hungertuch sind empfehlenswert.[1]

---

1 Herausgeber: Bischöfliches Hilfswerk Misereor, Mozartstr. 9, 52064 Aachen.

Abb. 12: Ausmalvorlage – Spirale mit Lebensbaum (M. Wolf)

Durchführung

Betrachtung des Bildes
Nach einer kurzen Information über die Herkunft und den Sinn des Bildes wird zu einer Betrachtung eingeladen. Die Teilnehmenden können ein Bild, eine Figur, eine Situation benennen, die sie besonders angesprochen hat, an der sie »hängen geblieben« sind. Verständnisfragen können geklärt werden.

Mittels Overheadfolie kann die im Bild verborgene Spirale gezeigt werden oder sie wird mit einem Seil auf das Tuch gelegt.

Einstimmung zur eigenen Gestaltung
Das Hungertuch zeigt Bilder aus dem Leben von Menschen vom anderen Ende der Erde. Wir sind jetzt hier mit unseren

Bildern vom Leben, mit unseren Erinnerungen und Träumen ... mit Erinnerungen an Menschen, denen wir begegnet sind, die wir vielleicht vorher noch nie gesehen haben, denen wir näher gekommen sind. Vielleicht tauchen sogar schon Bilder von dem auf, was uns nachher erwartet, was wir heute noch alles machen müssen und wollen.

▶ *Lieder:*
»Wenn einer alleine träumt«
»Ein neuer Himmel« (Gotteslob, Nr. 994.1)

Eigene Gestaltung
Anhand des Weges auf dem Hungertuch wird der eigene Lebensweg durchgegangen: Ausgehend von Unheilserfahrungen, von Brüchen und Enttäuschungen führt der Weg des Lebens zu einem Ziel. Je mehr es in die Mitte geht, umso näher sind wir dem Traum vom Leben. Wir treten ein in die Fülle des Lebens.

Die Teilnehmenden werden aufgefordert, die auf dem weißen Blatt bzw. Tuch vorgegebene Spirale selbst mit Bildern zu füllen. Außen: Erfahrungen des Unheils. Nach innen hin wird immer deutlicher der Traum vom Leben.

Variationen

Die Darstellungen auf dem Tuch müssen natürlich nicht gegenständlich sein. Angeregt von der farblichen Anordnung auf dem Hungertuch ist vielleicht eine abstrakt gehaltene Anordnung von Farben interessant. Auch eine Collage, die diesen Weg des Traums vom glücklichen oder guten Leben nachzeichnet, eignet sich.

Die Anfertigung der eigenen Lebensspirale kann in Gruppenarbeit geschehen oder auch einzeln. Gerade für die Einzelarbeit ist die Ausmalvorlage (s. o., Abb. 12) hilfreich.

In der Mitte, an dem Ort des Baums, des Wegweisers über diese Welt hinaus, könnte auch ein biblischer Vers des Jesaja-Traums stehen.

Ins Leben eingetaucht – Taufe

»Wir wurden mit ihm begraben durch die Taufe auf den Tod; und wie Christus durch die Herrlichkeit des Vaters von den Toten auferweckt wurde, so sollen auch wir als neue Menschen leben.« (Röm 6,2)

Inhalt

Mittels des achteckigen Labyrinths wird die Bedeutung des christlichen Lebenswegs als Weg der Wandlung zum neuen Leben in Gott verdeutlicht. Die Taufe ist der erste Schritt auf diesem Weg.

Für den Getauften verläuft das Leben nicht in irgendwelchen Irrgärten. Nicht viele Wege mit der Möglichkeit der Sackgasse, des ausweglosen Verlaufens stellen sein Leben dar, sondern der Weg des Labyrinths in die Mitte. Dieser Weg zur Mitte verläuft keinesfalls gradlinig, sondern mit vielen Wendungen und Kurven. Es ist ein Weg des Wandels, der ständigen Veränderung. Wer so bleiben will, wie er ist, wird nie ans Ziel gelangen. Wer bleiben will, wie er ist, wird gar nicht bleiben! Worauf es im Leben wohl ankommt, ist, dass wir uns diesem Urgesetz der Lebendigkeit, der Wandlung, der Veränderung anvertrauen.

Das »Einstiegssakrament« in dieses Leben der Verwandlung ist die Taufe mit Wasser. Nicht ohne Grund: Wasser, dieses Urelement unseres Lebens, weist uns darauf hin, dass Veränderung, dass Wandlung unser Leben ausmacht. Wasser als Symbol der Taufe erzählt davon, dass unser gesamtes Leben aus Wandlung besteht. Lebendig bleibt nur, was sich wandelt. Diese vielen Wandlungen, die an uns geschehen, werden durch Kräfte bewirkt, die wir selbst nicht in der Hand haben. Sie sind ein Geschenk!

Mit dem Element Wasser wird uns jene Wandlung vor Augen geführt, die mit uns geschehen soll und die von Jesu Wort und Weg bestimmt ist. Die endgültige Wandlung unseres Lebens wird die sein, die in unserem Tod und in unse-

Abb. 13: Labyrinth aus dem Kölner Dom

rer Auferstehung an uns geschieht. Was aber an uns Zukunft haben soll, muss auf diese Wandlung hin ausgerichtet sein. Der wandelbare Mensch, das steht uns Getauften ein Leben lang vor Augen. Nicht als Forderung, vielmehr als Chance für uns selbst.

In der Symbolwelt des Mittelalters galt die Zahl 8 als Zahl der Vollkommenheit, des Neubeginns. Deshalb sind auch die alten Taufkirchen oder Taufsteine achteckig gestaltet. Das achteckige Labyrinth nimmt diese Zahlensymbolik auf. Das Labyrinth im Kölner Dom findet sich am Eingang zur Krypta, sprich: der Grablege der Bischöfe. Der Ort des Todes ist zugleich Ort der Hoffnung auf Auferstehung.

Diese achteckigen Labyrinthe symbolisieren den Lebensweg als Weg der Wandlung, des Unterwegsseins hin zur letzten Vollkommenheit unseres Lebens: der Auferstehung. Wir werden als neue Menschen leben, wie Paulus mit Blick auf die Auferstehung Jesu betont.[1]

---

[1] Vgl. hierzu auch die Ausführungen über das Labyrinth als Initiationssymbol im Einführungsteil des Buches, s. o. S. 22.

Materialien/Vorbereitung

- Labyrinth-Vorlage erstellen (evtl. mit biblischem Text und Namen des Kindes in der Mitte)
- Kerzenständer aus der Labyrinth-Vorlage herstellen
- Biblischer Text: Römer 6,3–5
- Bildvorlage des Labyrinths aus Köln[1]

Durchführung

Bei einem Tauferinnerungsfest oder einer Taufe kann den Taufeltern ein achteckiges Labyrinth mit dem Aufdruck des Namens des Kindes übergeben werden. In der Mitte des Labyrinths könnte der biblische Text (Röm 6,3–5) oder eine Auferstehungsdarstellung zu finden sein.

Variationen

Diese Labyrinth-Vorlage kann als Kerzenhalter für eine kleine Osterkerze dienen, die den Taufeltern bei der Taufe oder einem Tauferinnerungsfest mitgegeben wird.

Es bieten sich als biblische Texte natürlich auch andere Wandlungsgeschichten der Bibel an.[2]

---

1 Hier eignet sich auch die achteckige Labyrinth-Vorlage aus St. Quentin (s. u., Abb. 26). Die Vorlage aus Köln hat den Vorteil, dass sie auf den ersten Blick eine gute Orientierung ermöglicht.

2 Vgl. etwa die unten aufgeführten »Labyrinth-Geschichten der Bibel«, S. 102 ff., sowie Bibeltexte unter den übrigen Bausteinen dieses Buches.

Der Himmel kommt auf die Erde – Labyrinthische Wege zum Tabor

»*... und Jesus führte sie auf einen hohen Berg ...*« (Mk 9,2)

Inhalt

Das Evangelium von der Verklärung Jesu[1] soll als Weg der notwendigen Wandlung für das eigene Leben erfahrbar werden. Die Labyrinth-Vorlage (auf der Buchumschlag-Vorderseite zu sehen) dient dabei als »Landkarte« des inneren Weges zur Begegnung mit Gott und den Untiefen des eigenen Lebens.

Der einleitende Gedanke besteht darin, vom allgemeinen Thema der »Wanderung« über das Stichwort »Landkarte« als notwendiges Utensil für eine richtige Bergtour zum »Labyrinth« als Landkarte für den Weg des Evangeliums zu gelangen:

Zwei *Dreiecke* sind zu sehen. Dreiecke sind ganz alte Zeichen. Sie erzählen uns Menschen von Gott: Gott ist zu dritt (wie die Ecken) und doch einer (nur *ein* Dreieck). Die *blaue Farbe* sagt: Hier ist Gott mit im Spiel! Immer, wenn auf alten Bildern etwas blau gemalt ist, ist von Gott die Rede. Im Evangelium entspricht der blauen, der himmlischen Farbe vielleicht die himmlische Wolke, in welche die Szene eingetaucht ist.

Auf dem Berg entdecken Jesu Freunde Gott. Sie merken: Jesus kommt von Gott. Die Freunde Jesu sehen und hören, dass Jesus jemand ganz Besonderes ist. Vielleicht haben sie es ja vorher schon geahnt, aber hier auf dem Berg, bei ihrer Wanderung, da wissen sie es: *Mit Jesus ist der Himmel auf die Erde gekommen. Gott bleibt nicht im Himmel, sondern er ist in Jesus unter den Menschen.* Das sind tolle Aussichten, welche die drei da auf dem Gipfel haben. Einer ist von dieser Aussicht

[1] Mk 9,2–10 par.; in der Leseordnung am zweiten Fastensonntag Lesejahr B oder Hochfest der Verklärung Jesu (6.8.).

Abb. 14: Labyrinth. Piroska Jàvor, © VG Bild-Kunst, Bonn

so begeistert, dass er gleich da bleiben will, um dort zu wohnen. Petrus will einfach in der Mitte des Labyrinths stehen bleiben. Aber wenn wir stehen blieben in der Mitte, wären wir eingesperrt. Wir kommen nur wieder raus aus dem Labyrinth, wenn wir in der Mitte umdrehen. Jetzt in der Zeit vor Ostern haben wir wieder besonders Gelegenheit dazu. Gott lädt uns ein, in das Labyrinth hineinzugehen und umzukehren, neu zu beginnen.

Das Labyrinth und die Geschichte vom Berg Tabor (von der Verklärung) erzählen auch von uns: Auch wir sind im Leben auf solch einer Bergwanderung unterwegs. Auf den Wegen, die wir gehen, kommen wir manchmal auch auf »blaue Felder«, wo wir Gott ganz nahe sind, wo wir plötzlich etwas von ihm verstehen.

Das Fest »Verklärung des Herrn«, das wir heute feiern, erinnert uns daran: Hin und wieder haben wir den Durchblick; da sehen wir klar; wir hören und sehen, dass Gott da ist; dass er in Jesus einer von uns wurde. Wir müssen uns nur auf seine Spur machen. Seinem roten Faden im Leben folgen.

Manchmal gibt's auch schwarze Dreiecke, Hindernisse, die uns den Weg verstellen, oder Wegweiser, die uns locken. Aber während der ganzen Zeit laufen wir über *goldenen Boden*, das heißt: Gott geht unsere Wege mit.

Wer aus diesem Labyrinth hinausgeht, in dem ändert sich etwas. Er versteht jetzt vielleicht, was die blaue und goldene Farbe erzählen wollen: Gott ist auf dem Grund unseres Lebens; *mit Jesus ist der Himmel schon mitten auf die Erde gekommen, auch in unser Leben.*

Materialien/Vorbereitung

- Dia und Postkarte(n) des Labyrinths (Abb. 14) in ausreichender Stückzahl besorgen (Piroska Jàvor, Labyrinth, Aquarell auf Büttenpapier, 1995).[1] Dieses Labyrinth ist auf dem Buchumschlag abgebildet.
- Rucksack mit entsprechenden Utensilien bereitstellen (Essen, Trinken, Landkarte mit Labyrinth auf der Rückseite, Regenjacke, Wanderschuhe, Kompass, Fernglas …)
- Auf die Rückseite einer Landkarte das Labyrinth kopieren
- Evtl. blasse Kopien des Labyrinths zum Ausmalen (s. u., Variationen)
- Biblischer Text: Mk 9,2–10

Zur Einführung

Rucksack zeigen. Sachen, um Rucksack zu packen, liegen auch da (Essen, Trinken, Landkarte, Regenjacke, Wanderschuhe, Kompass, Fernglas …).

Heute machen wir eine Wanderung. Es geht auf einen Berg.

Was muss ich für so eine Bergwanderung alles in den Rucksack packen? War jemand von euch schon mal auf ei-

[1] Zu beziehen ist dieses Bild als Postkarte und Dia beim Deutschen Liturgischen Institut, Postfach 2628, 54216 Trier, Bestell-Nr. 9925; oder bei der Materialstelle für Gottesdienst, Postfach 710137, 90238 Nürnberg, Bestell-Nr. 9925.

nem Berg? Warum seid ihr da hochgekraxelt? Warum steigen Menschen auf Berge?

Wenn man's endlich geschafft hat und oben auf dem Gipfel angekommen ist, kann man viel machen.

Jetzt könnten die Teilnehmenden gefragt werden, was sie machen würden: vielleicht die tolle Aussicht genießen; vielleicht ein Fernglas nehmen und nach unten schauen oder über die anderen Berge hinweg …

Heute nimmt uns Jesus mit auf eine Bergwanderung. Bevor man losgeht auf den Berg, muss man gut überlegen, was man braucht, wo man langgehen will, wie das Wetter wohl wird …

Zum Kyrie

Bevor wir Gottesdienst feiern, machen wir Pause. Wir überlegen, wo wir herkommen, was in der vergangen Woche gut lief, was nicht; was wir so alles an »Gepäck« heute hierher mitbringen und was wir vielleicht gerne hier bei Gott lassen würden.

Rufen wir Gott um sein Erbarmen an, dass er uns Kraft gebe für unseren Weg.

Bildbetrachtung

Das Labyrinth von Piroska Jávor wird als Dia allen gezeigt. Die Teilnehmenden werden aufgefordert, das Bild mit seinen wesentlichen Elementen zu beschreiben und mit den Augen den Weg in die Mitte zu suchen.

Sehhilfe zum Bild

Ein roter Faden schlängelt sich wie eine Spirale um die Mitte. Der Weg ist so verschlungen, dass man ihn nicht sofort findet. Der Hintergrund ist strahlend golden, bis auf die Mitte: Hier ist ein blaues Rechteck zu sehen. Über dem Ganzen ist ein schwarzer Halbmond. Er erzählt vielleicht vom Himmel. Ein schwarzer Pfeil weist in das Labyrinth. Ein kleines schwarzes Dreieck findet sich in der Nähe der Mitte. Es unterbricht kurz den roten Weg. Auch zwei rote Dreiecke gibt es zu sehen: eins in der Mitte, eins am Anfang des roten Pfades.

Abschließend wird den Teilnehmenden eine farbige Postkarte der Labyrinth-Vorlage mit folgenden Hinweisen mitgegeben:

Nicht nur damals auf dem Berg Tabor oder sonntags in der Kirche kommt Gottes Himmel auf die Erde. Wir sind eigentlich mittendrin, merken's aber nicht immer. Dafür geben wir Ihnen diese Landkarte (für die Wochen vor Ostern) mit. Sie können den Labyrinth-Weg Ihres Lebens in Ruhe noch einmal nachgehen und vielleicht dabei entdecken, dass der goldene Grund unseres Lebens Gott ist. An einigen Stellen blitzt das sogar auf, wie die blaue Farbe erzählen will – vielleicht ist's dann so wie damals auf Tabor.

Hinweise zum biblischen Text (Mk 9,2–10)

Der Text enthält zahlreiche Bedeutungsebenen und Bilder. Auf zwei wesentliche Aspekte, die den Zusammenhang mit dem Symbol Labyrinth näher erläutern, sei hier hingewiesen.

Das zentrale Bild der Erzählung ist die Verwandlung (V. 2). Das Verbum metamorfoein (verwandeln) erinnert an Erzählungen der griechischen Mythologie, die von der Metamorphose, der Verwandlung der Götter in menschliche Gestalt, berichten. Der Akzent bei Mk ist genau anders: Die Verwandlung des Menschen Jesus wird erzählt. Letztlich wird mit Jesus jeder Mensch verwandelt: Wir alle werden zu Gott hin verwandelt.

Gerade Labyrinthe sind Wandlungsorte. Niemand geht so aus dem Labyrinth heraus, wie er hineingegangen ist.

In der Verwandlung Jesu wird den Jüngern als unverdientes Geschenk deutlich, dass mit Jesus die himmlische Welt auf die Erde gekommen ist. Denn als Sohn Gottes gehört Jesus auch zur himmlischen Welt. Mit ihm ist Gottes Reich schon unter den Menschen angekommen. Dass dem so ist, heißt noch lange nicht, dass sich der Zustand der Welt verändert hätte.[1] Der Weg der Verwandlung im Labyrinth geschieht eher beiläufig, geschenkt, nicht bewusst gesucht. Nicht die Welt um einen herum ändert sich, sondern der eigene Blick auf die Welt und deren Grund.

Die Verklärung Jesu verbleibt nicht bei der seligen Schau, der Bewusstseinserweiterung. Das *Hören* tritt dem *Sehen* notwendig zur Seite (V. 7). Es genügt nicht, in wenigen Momenten der Seligkeit, im religiösen »event«, zu schauen. Entscheidend ist das Hören und das Sich-hineinnehmen-Lassen in diesen Ruf zur Nachfolge, der immer wieder vom Berg hinabführt in die tiefe Ebene des Kampfes und Einsatzes für das Reich Gottes.[2] Der Rückweg aus dem Labyrinth will angetreten werden, wenn sich Wandlung wirklich einstellen soll.

▶ *Lieder:*
»Weißt du, wo der Himmel ist?«
»Sei unser Gott«
»Jesus Brot, Jesus Wein auf unserem Weg«
»Solange wir gehen auf den Wegen unseres Gottes«
»Halte zu mir, guter Gott«
»Entdeck bei dir, entdeck bei mir den nächsten Schritt«

Variationen

Die gewählte Labyrinth-Vorlage besticht u. a. durch ihre deutlichen Farben. In Einzelarbeit könnte den Teilnehmenden eine blasse Schwarz-Weiß-Kopie an die Hand gegeben werden, die entsprechend den Erfahrungen im eigenen Leben farbig gestaltet wird.

Ursprünglich war die Idee Bestandteil eines Familiengottesdienstes während der österlichen Bußzeit. Sie eignet sich aber auch für einen Glaubenskurs mit Erwachsenen. Hier würde der Akzent eher auf der Geschichte der eigenen Gotteserfahrungen liegen.

---

1 Vgl. hierzu Limbeck, 117 ff.
2 Vgl. hierzu Beutler, 36.

Labyrinth-Geschichten der Bibel

Die Geschichten der Bibel beleuchten die Geschichte Gottes mit dem Menschen, nicht im Allgemeinen, sondern konkret biographisch. Gerade die Höhen und Tiefen der Gottesbeziehung und vor allem die Entwicklung des Gottesbildes können hier gut aufgezeigt werden. Eine Brücke zu den eigenen biographischen Erlebnissen und Entwicklungen lässt sich leicht knüpfen.

Auf Messers Schneide – Abraham und Isaak (Gen 22)

Im 22. Kapitel des Buches Genesis findet sich eine der sicher dramatischsten Geschichten des Ersten Testaments.[1] Abraham wird aufgefordert, seinen Sohn Isaak, dessen Geburt er so sehnsüchtig erwartet hatte und der für ihn Garant einer großen Zukunft ist, blutig zu opfern. Der Weg zur vorgesehenen Opferstätte wird zur Wandlungsgeschichte. Die Nachfragen des Sohnes, vielleicht auch eigene Zweifel, stellen Abrahams Lebenskonzept und seinen Gottesglauben auf die Probe. Schließlich wird er erleben, dass ihm sein Sohn ein zweites Mal geschenkt wird. Dieser Sohn, die verheißene Zukunft, ist ein Geschenk Gottes, kein eigener Verdienst. Den Weg, den beide vom Berg zurückgehen, ist ein anderer als der, den sie hinaufgingen.

Der Kampf mit Gott – Jakob (Gen 25,20–37,1)

Das Leben des Jakob ist von Anfang an Kampf. Er muss und will sich gegen seinen Zwillingsbruder Esau durchsetzen. Es führt schließlich so weit, dass er Hals über Kopf von zu Hause fliehen muss. Erste wichtige Station auf seinem Weg

---

[1] Wir folgen hier dem Sprachgebrauch von Erich Zenger, der die bleibende Bedeutung des Bundes Gottes mit Israel herausstellt.

ist die Übernachtung unter freiem Himmel. Ihm wird der gerade Weg schnurstracks in den Himmel gezeigt. Das wird nicht sein Weg sein. Er spürt das wohl, denn nur so lässt sich sein »Vertrag« mit Gott verstehen: Wenn Gott sein Leben bewahrt, wird er ihn verehren.

Es ist ein langer Weg, bis er zu diesem Ort zurückfinden wird. Es treibt ihn immer weiter weg von zu Hause. Die verschlungenen Wege des Lebens führen ihn zu Laban, der ihn betrügt und ganze 14 Jahre für sich arbeiten lässt. Auch gegen ihn muss er sich durchsetzen und die Flucht erkämpfen. Auf dem Weg in die Heimat kommt es schließlich zu dem Kampf seines Lebens: dem Kampf am Jabbok.[1] Dieser Kampf hinterlässt bleibende Spuren und ändert ihn – so sehr, dass selbst sein Name nicht der gleiche bleibt. »Israel« heißt er fortan: der mit Gott und den Menschen gestritten und gesiegt hat (Gen 32,29). Der äußerste Ort der Dunkelheit und Einsamkeit wird die Gelegenheit, dem Leben eine glückliche Wende zu geben. Von da an wird nicht mehr der Kampf, auf den er sich schon eingestellt hatte, sein Leben bestimmen. Schließlich vereinbart er eine friedliche Existenz mit seinem Bruder Esau und bewohnt das Land Kanaan.

Wir kämpfen mit dir
ohne dich zu kennen
in den Nächten unseres Lebens
Lass es Tag werden

Wir hadern mit dir
ohne dich zu verstehen
in den Qualen unseres Lebens
Lass die Qualen ein Ende haben

1 Vgl. hierzu die hervorragenden Ausführungen in: H. Spieckermann, Der Gotteskampf. Jakob und der Engel in Bibel und Kunst. In diesem Buch finden sich neben treffenden exegetischen Ausführungen auch Darstellungen aus der Kunstgeschichte (bis hinein in die Moderne) zu dem Motiv des Gotteskampfes am Jabbok.

Wir schreien zu dir
ohne dich zu sehen
in den Qualen unseres Lebens
Lass die Qualen ein Ende haben
(Anton Rotzetter)[1]

Das verschwebende Schweigen – Elija (1. Buch der Könige)

Elija wird von Gott gerufen, den König des Nordreichs Ahab und die Bevölkerung zur Abkehr von fremden Göttern zu bewegen. Sein Weg zu diesem Ziel wird sich als verschlungener Weg mit vielen Höhen und Tiefen erweisen.

Nachdem er die Trockenheit über das Land ankündigt, geht er außer Landes zum Bach Kerit, um sich durch Raben mit Fleisch und Brot stärken zu lassen. Sein Weg führt nach Sarepta, wo er die ihm von Gott gegebene Macht Leben schaffend in der Totenerweckung eines Kindes einsetzt. Die Machtprobe zwischen ihm und den Baalspriestern auf dem Berg Karmel lässt ihn auf den Höhepunkt seiner Macht gelangen. Das Volk kehrt um, Regen erfrischt das ausgedörrte Land.

Doch nach diesem steilen Aufstieg zum Erfolg kommt der tiefe Fall. Elija wird gnadenlos von Isebel, der Königin, verfolgt. Schließlich, auf der Flucht in die Wüste, ist er so niedergeschlagen, dass er am liebsten sterben würde. Unter dem Ginsterstrauch wird er angehalten, sich mit Brot und Wasser zur stärken. Er wandert zum Gottesberg Horeb. Am Eingang der Höhle erfährt er im »verschwebenden Schweigen« – wie Buber/Rosenzweig übersetzen – Gott. Nicht Macht und Gewalt, wie Elija sie erlebte, sind Attribute Gottes, sondern das »sanfte, leise Säuseln«.[2]

In Elija wird sich einiges gewandelt haben in seinem Bild von Gott. Sein Weg zurück ins Leben kann hier an diesem

---

[1] A. Rotzetter, Gott, der mich atmen läßt. Gebete des Lebens, Herder 1994, 32.

[2] So übersetzt die Einheitsübersetzung, 1Kön 19,12.

Wendepunkt beginnen. Gott schickt ihn mit neuen Aufträgen nach Damaskus.

Kein Ausweg – Jona (Buch Jona)

Jonas Geschichte mit Gott verläuft labyrinthartig: Am Eingang des Labyrinths steht der Ruf Gottes. Jona wird förmlich in das Labyrinth »hineingestoßen«. Er gerät hier in Irrnisse und Wirrnisse aufgrund seiner Flucht. An einigen Windungen scheint sich sein Schicksal immer wieder zu wenden: Das Schiff, die Matrosen, das Meer – sie alle sind Stationen auf diesem Weg.

Als die Situation am ausweglosesten zu sein scheint, als Jona droht, im Meer zu ertrinken, da ist der Wendepunkt zur Rückkehr erreicht. Das Gebet des Jona (s. u.) ist eine deutliche Wegmarke. Jona tritt von nun an den Rückweg an und löst die ihm aufgetragene Aufgabe mit Erfolg, wenn auch mit Widerwillen. Kurz vor dem Ausgang aus dem Labyrinth steht dann als letzte Verwirrung und Klarstellung zugleich die vertrocknende Staude. Am Ende steht Jona wieder vor dem Anfang: der Stadt Ninive, die ihm so zu schaffen macht.

Als Mitte des Labyrinths wie der Erzählung lässt sich der Bauch des großen Fisches bzw. Jonas Gebet dort ansehen. Jona ist hinabgestiegen in das Dunkel des Todes und der Geburt.[1] Von dem vermeintlichen Ende aus beginnt der neue Weg. Genau dies entspricht auch der Grundvorstellung des Labyrinths: das Hinabsteigen in das Dunkel der Erde, das Werden und Vergehen der menschlichen Existenz. Jona erlebt einen inneren Wandel zu Gott hin.

Gebet des Jona
In meiner Not rief ich zum Herrn, und er erhörte mich. Aus der Tiefe der Unterwelt schrie ich um Hilfe, und du hörtest mein Rufen. Du hast mich in die Tiefe geworfen, in das Herz der

[1] Vgl. hierzu sein Gebet und als weitere Parallele Psalm 139, vor allem V. 15.

Meere; mich umschlossen die Fluten, all deine Wellen und Wogen schlugen über mir zusammen. Ich dachte: Ich bin aus deiner Nähe verstoßen. Wie kann ich deinen heiligen Tempel wieder erblicken? Das Wasser reichte mir bis an die Kehle, die Urflut umschloss mich; Schilfgras umschlang meinen Kopf. Bis zu den Wurzeln der Berge, tief in die Erde kam ich hinab; ihre Riegel schlossen mich ein für immer. Doch du holtest mich lebendig aus dem Grab herauf, Herr, mein Gott. Als mir der Atem schwand, dachte ich an den Herrn, und mein Gebet drang zu dir, zu deinem heiligen Tempel. Wer nichtige Götzen verehrt, der handelt treulos. Ich aber will dir opfern und laut dein Lob verkünden. Was ich gelobt habe, will ich erfüllen. Vom Herrn kommt die Rettung. (Jona 2,3–10)

Labyrinth-Lieder für den Gottesdienst[1]

- »Aus den Dörfern und Städten sind wir unterwegs zu dir« (Vom Leben singen, Nr. 4)
- »Wir haben Gottes Spuren festgestellt« (Vom Leben singen, Nr. 34)
- »Mache dich auf und werde Licht« (Vom Leben singen, Nr. 93)
- »Wo ein Mensch Vertrauen gibt« (Vom Leben singen, Nr. 115)
- »Herr, weil wir den Frieden brauchen« (Vom Leben singen, Nr. 138)
- »Den Weg wollen wir gehen« (Vom Leben singen, Nr. 179)

---

[1] Die Kurzverweise bedeuten: Vom Leben singen. Neue geistliche Lieder, Arbeitskreis Kirchenmusik und Jugendseelsorge im Bistum Limburg (Hg.), Strube-Verlag, Edition 1357. Gott hat uns einen Traum geschenkt. Neue Lieder für Kinder- und Familiengottesdienst, Arbeitskreis »Kindergottesdienst« des Referates Kirchenmusik im Bistum Limburg (Hg.), Strube-Verlag, Edition 1730. Die Zeit färben. Neue geistliche Lieder für Chöre und Bands, Arbeitskreis Kirchenmusik und Jugendseelsorge im Bistum Limburg (Hg.), Strube-Verlag, Edition 1729.

- »Auf, Mirjam, sing und tanze« (Mis, Nr. 5)
- »Das wünsch ich sehr« (… Traum geschenkt, Nr. 130)
- »Folgen – leben mit Jesus« (… Traum geschenkt, Nr. 129)
- »Gemeinsam hier in unserem Kreis« (… Traum geschenkt, Nr. 126)
- »Wenn wir nun nach draußen gehen« (… Traum geschenkt, Nr. 109)
- »In deinen Händen steht die Zeit« (Die Zeit färben, Nr. 10)
- »Wir machen uns auf den Weg« (Die Zeit färben, Nr. 152)

Der Weg zum Spaß – Spielen im Labyrinth

Der Ariadnefaden – Seilspiele ums Labyrinth

»Mich umfingen die Fesseln des Todes …« – doch »Gott löste mein Seil …« (Ps 116,3/Hiob 30,11)

Inhalt

Spielerische Annäherung an (gelegte) Labyrinthe und die Geschichte von Theseus und Ariadne, deren Verbindung an »einem Faden hing«. Einführend zu allen drei Übungen kann die Geschichte vom Sieg über den Minotaurus erzählt werden.

Abb. 15: Der Ariadnefaden

Dabei gilt es zu beachten, dass das Labyrinth kein Irrgarten ist, dass sich aber sehr wohl die Einengung durch die Wände, das positive Erleben der Verbindung zu den anderen über die »Fäden« oder die stärkende Gemeinschaft erfahren lassen.

Weiterer Hinweis: Im Gegensatz zu gelegten Labyrinthen aus Seilen (s. u., Übung 1) ist auf diesem Labyrinth-Bild das Seil nicht die Wand, sondern der Weg selbst.

Materialien/Vorbereitung

- Übung 1: Seile, Augenbinde
- Übung 2: Seil, Bodenlabyrinth (Schulhof, Rasen o. Ä.)
- Übung 3: Verschiedene verkleinert kopierte Labyrinthe, Fäden, Kleber, Stöckchen

Übung 1 – »An Grenzen stoßen«

Mit dieser Übung wird der erste Schritt in ein Labyrinth vorbereitet: im Vertrauen auf sich und andere den ungewissen Weg zu gehen.

Falls im Anschluss ein aus Seilen gelegtes Labyrinth begangen werden soll, ist mit diesem Spiel eine Annäherung an das verwendete Material »Seil« möglich. So wird gut auf die Regel hingearbeitet, dass in einem (mit Seilen gelegten) Labyrinth niemals die »Wand« überschritten werden darf.

Mit entsprechend langen Seilen (rechts und links als Begrenzung) legt die Gruppe eine Wegstrecke aus. Dieser Pfad sollte Kurven und Geraden, Spiralen usw. beinhalten. Dann müssen nacheinander Teilnehmende aufgrund von Zurufen der anderen »blind« (Augenbinde) durch diesen Seilpfad gehen. Man kann die Gruppe auch teilen und so diese Übung als Wettkampf auf Zeit durchführen – dies hat dann mehr spielerischen als meditativen Charakter. Besonders Eifrige können auch schon ein (eckiges) Labyrinth legen und die Gehenden nur durch Töne, keine gesprochenen Anweisungen, von den vier Ecken des Labyrinths durch entsprechende Lautstärke leiten.

Übung 2 – »Den Faden nicht verlieren«

Die Labyrinth-Form des Ariadnefadens in ca. einem Meter Breite mit Kreide auf den Schulhof aufzeichnen, in Schnee oder Sand eintreten, mit dem Rasenmäher in eine Wiese schneiden ...

Alle fassen ein Seil und ziehen gemeinsam mit oder ohne Schrittfolge, langsam oder schnell, mit oder ohne begleitende Musik, schweigend, redend oder singend durch das Labyrinth. Mehrere Versuche mit verschiedenen Vorgaben geben interessante Vergleichsmöglichkeiten. Dieses Spiel ist somit auch eine gute Übung für die zweite Regel im Begehen des Labyrinths, dass nämlich niemand die Person vor sich überholen darf.

In einem auswertenden Gespräch wäre u. a. darauf zu achten, wie die Personen damit umgehen konnten, dass sie nach einem von der Gruppe vorgegebenen Tempo gehen mussten.

Übung 3 – »Alles hing an einem Faden«

Der Anleiter teilt die kopierten Labyrinthe aus und geht mit den Teilnehmenden auf die Entdeckungsreise, die Unterschiede und Gemeinsamkeiten der Formen herauszufinden. Hier könnten auch Irrgärten als Gegenüber zu Labyrinthen betrachtet werden. Die ausgeteilten Labyrinthe können dann mit Farben kreativ gestaltet werden. Dies kann ohne Vorgaben oder mit bestimmten Aufgaben geschehen: Beispielsweise könnten die Quadranten jahreszeitlich gestaltet werden oder man könnte von außen nach innen immer heller werdende Farben verwenden.

Wer mehr Zeit investieren möchte, kann statt der kopierten Labyrinthe eigene Labyrinthe aus Fäden oder Kordel kleben. Dabei gibt es die Möglichkeit, die Fäden auf kopierte Vorlagen aufzukleben oder mit stärkeren Kordeln gewickelte Spiralen oder Figuren herzustellen.

Basteln eines oder mehrerer Mobiles: Dabei werden verschiedenartige Labyrinthe als Gesamtkunstwerk miteinander verbunden. Das Beschreiben und ein mögliches Ausmalen der Labyrinthe lässt viele Deutungsmöglichkeiten offen: Einheit in Vielfalt; Verbindendes und Trennendes; *ein* Faden nach oben, der alles hält.

Variationsmöglichkeiten

Riesenmobile im Kirchenjahr: Beispielsweise an den Fastensonntagen (und Aschermittwoch/Karfreitag – Siebenzahl) können zum Thema »Irrungen und Wirrungen« verschiedene, vergrößert kopierte oder gezeichnete Labyrinthe vorgestellt werden. Die vorgestellten Labyrinthe können dann in der Osternacht als Mobile (zum Thema Gemeinschaft/Taufe) zusammengefügt und mit einem starken Seil »nach oben« hin befestigt werden (zum Thema »Vertrauen auf Gott«).

Ebenso ist es möglich, im Rahmen einer Erstkommunionvorbereitung oder Firmkatechese in den Kleingruppen mit unterschiedlichen Labyrinthen zu arbeiten und sie in einem gemeinsamen Gottesdienst zum Thema »Verschiedenartigkeit und Gemeinschaft« o. Ä. als Großmobile zusammenzufügen.

Eine besonders farbenfrohe und interessante Möglichkeit ist das Herstellen von Mobiles mit Glasanhängern. Mit Hilfe von kleinen (gerahmten) Glasscheiben können mit entsprechenden Glasmalfarben verschiedene Labyrinth-Typen aufgetragen und farbig gestaltet werden.

Der rätselhafte Garten

»Gott, der Herr, nahm also den Menschen und setzte ihn in den Garten …« (Gen 2,15)

Inhalt

Spielerisch soll der Weg durch das Labyrinth erkundet werden. Der Weg in die Mitte erschließt sich durch die Lösung (lustiger) Rätsel und Aufgaben in der Gruppe.

Die Spielidee entstammt einer wichtigen historischen Dimension der Labyrinthe. Mit Beginn der Neuzeit finden sich zahlreiche Labyrinth-Umsetzungen in Gartenanlagen. Zunehmend handelt es sich hierbei, dem Verständnis der beginnenden Moderne entsprechend, um Irrgärten, aber auch einige Labyrinth-Gärten sind zu finden.[1]

Das Spiel ist geeignet für eine Gruppe ab ca. 15 Teilnehmenden.

Vorbereitung/Materialien

- Spielplan: Der vergrößerte Spielplan des »verrückten Labyrinths«[2] dient diesem Spiel als Vorlage. Es empfiehlt sich mindestens eine Größe von 50 × 50 cm. Das Originalspiel wird zu diesem Zweck einfach entsprechend vergrößert. Das Spiel erhält eine höhere Haltbarkeit, wenn die kopierten Vorlagen auf einen festen Untergrund (Pappe) oder Sperrholz aufgeklebt werden. Auf 24 Feldern wird eine Nummer (1 bis 24) notiert. Unter jedem Nummern-Türchen wird ein Aufgabenkärtchen versteckt.
- Als Vorlage kann auch eine einfachere Labyrinth-Form dienen. Unser Vorschlag: Labyrinth-Vorlage St. Catherine's Hill, Winchester (Abb. 16). Diese Vorlage kennt (wenn man Eingang und Ziel dazurechnet) 24 Wende- bzw. Endpunkte. An jedem dieser Punkte könnte eine Zahl stehen. Es handelt sich um ein sehr altes Labyrinth im Freien, das vermutlich auch tatsächlich begangen wurde.
- Dreier-Würfel: Auf ihm finden sich nur die Zahlen 1, 2 und 3, jeweils zweimal (gibt's zu kaufen bzw. kann durch Überkleben der Zahlen erreicht werden)
- Auswertungsbogen
- Spielkärtchen, Spielfiguren
- Papier, Stifte
- Stoppuhr
- Uhu; Scheren
- Labyrinth-Kopien bzw. Material für die Aufgaben

---

1 Vgl. hierzu im Detail Kern, 359 ff.

2 Erschienen als Spiel bei Ravensburger unter diesem Titel.

Während das Spiel erklärt wird, verteilt ein Spielleiter die Codekärtchen auf den Zimmern bzw. im Gelände (schön mischen!).

Es empfiehlt sich, den Spielplan, die Stelle zur Kontrolle des Codewortes und den Schiedsrichter örtlich voneinander zu trennen. Dies vermindert das Chaos und Nachmacheffekte.

Abb. 16: Rasenlabyrinth »Mizmaze«, St. Catherine's Hill, Winchester/England

Einführung in die Spielidee

In einem fernen Land im Garten des Königs gab es ein Labyrinth. Jedes Jahr wurde hier ein großes Spiel veranstaltet. Dieses Labyrinth war ein ganz besonderes. Die Wege veränderten sich ständig. Alles war in Bewegung. Beschritt man die Wege, so sah man außerdem darauf Rätsel aufleuchten. Erst wenn man ein solches Rätsel gelöst hatte, konnte man den Weg weitergehen. So kam man Stück um Stück vorwärts. Waren alle Aufgaben gelöst, dann war man in der Mitte angelangt, wo eine große Belohnung wartete.

- Ein roter Wollfaden wird aufgewickelt. Die Teilnehmer sollen schätzen, wie lange dieser »Ariadnefaden« im ausgerollten Zustand ist.
- Ein kleiner Labyrinth-Tanz wird einstudiert und vorgetanzt. Die Musik kann vorgegeben werden.
- Ein Teilnehmer führt einen anderen mit verbundenen Augen durch einen Hindernisparcours, sprich: ein dunkles Labyrinth.
- Die Teilnehmer sind im Herzen des Labyrinths angekommen. Hier ist es vollkommen dunkel. Sie versuchen, verschiedene Gegenstände, die im Raum versteckt sind, aufzufinden. Aber Vorsicht: Überall kann Minotaurus lauern!
- Die Theseus-Sage neu erfinden. Mit Hilfe einiger Stichworte (Theseus, Ariadne, Faden, Minotaurus, Stadt Knossos, Labyrinth) soll die Gruppe die antike Labyrinth-Sage neu erfinden. Diese Stichworte müssen alle im Vortrag der Gruppe enthalten sein.
- Bei einer festen Vorlage: Zählt die Wendepunkte im Labyrinth!
- Bei einer festen Vorlage: Schätzt, wie lange der Weg in die Mitte ist!
- Bei einer festen Vorlage: Malt zwischen die Zahlen 3 und 4 ein Bild mit Straßenkreide!
- Mit dem Handlabyrinth-Spiel von »Erzi-Spiele«,[1] hier »Erzi-Handbalancier-Spiel« genannt, wird versucht, die Kugel in die Mitte des Labyrinths zu balancieren. Es gibt in diesem Spiel drei verschiedene Kugelgrößen, so dass die Schwierigkeitsstufen variiert werden können. Die beigefügte Sanduhr kann als Zeitmesser dienen. Genauere Hinweise finden sich aber auch in der Spielanleitung.

[1] Erzi – Qualitätsprodukte aus Holz GmbH, Lengefelder Str. 14, 09579 Grünhainchen. Das Spiel kostet ca. € 25,– und lässt sich natürlich auch in sonstigen Labyrinth-Ideen unterbringen.

Spielregeln

Zuerst wird die Reihenfolge der Spielgruppen festgelegt. Die Spielgruppen bewegen sich durch Würfeln auf dem Spielplan fort. Hierbei ist ein »Dreier-Würfel« (s.o., Materialien) zu verwenden, sonst geht's zu schnell!

Beispiel: Steht eine Gruppe auf dem Feld Nr. 3 und würfelt eine Zwei, dann muss sie nun Feld Nr. 5 aufsuchen. Dies geschieht unter Verschieben der Labyrinth-Kärtchen auf dem großen Spielplan. Die Spielregeln sind die gleichen wie beim »Verrückten Labyrinth« aus dem Ravensburger Verlag. Die Anzahl der Züge wird in die beigefügte Liste eingetragen. Sind mehrere Gruppen zugleich am Spielplan zugange, so gilt die zu Beginn festgelegte Reihenfolge für die jeweiligen Züge.

Ist die jeweilige Spielfigur auf dem Aufgabenfeld (in unserem Beispiel die Nr. 5) angekommen, muss die Code-Karte mit der entsprechenden Nummer im Haus oder Gelände gesucht werden. Das Stichwort gilt es, sich zu merken und der Spielleitung mitzuteilen. Stimmen Stichwort und Zahl überein, so darf die betreffende Gruppe das Türchen öffnen und die Aufgabe vor einem Schiedsrichter erfüllen. Ist dies zu beider Zufriedenheit geschehen und hat der Schiedsrichter die Aufgabe mit Punkten bewertet, so geht's weiter mit Würfeln zur nächsten Aufgabe …

Das Spiel ist beendet, wenn jede Gruppe die Nr. 24 überschritten hat! Gewonnen hat die Gruppe, welche die meisten Punkte bei der Bewertung der Aufgaben erlangt hat.

Variationen

Es lassen sich natürlich auch andere Labyrinth-Vorlagen als Grundspielplan verwenden. Hier empfehlen sich auch rechteckig konstruierte Labyrinthe, die leicht zu übertragen sind. Ein solches Labyrinth kann beispielsweise mit Straßenkreide auf einen Platz aufgemalt werden. Die Wendepunkte oder ähnlich markante Stellen (Eingang und Ziel) des Labyrinths werden mit Zahlen für die Aufgaben nummeriert. Der Weg wird einfach abgegangen entsprechend der Würfelpunkte. Die freien Felder im Labyrinth können bunt gestaltet werden (dies könnte auch eine weitere Aufgabe sein).

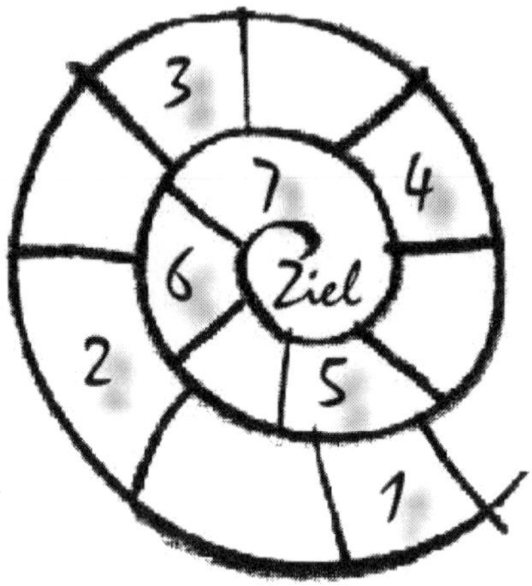

Abb. 17: Labyrinth aus Straßenkreide

Hier findet sich eine einfache spiralenförmige Darstellung als Spielplan. Man kann aber auch einfache andere Labyrinthe mit Straßenkreide ähnlich gestalten. Dort lassen sich dann natürlich auch mehr Aufgaben unterbringen.

Alternativ könnte auch eine Vorlage nach dem Modell der Abbildung 3 (s. o., S. 38) Verwendung finden. Die Fußspuren in die Mitte einer Spirale bzw. eines Labyrinths dienen dann als Zahlenfelder.

Zum Fest schreiten – Tänze ums Labyrinth

»Lobt ihn mit Pauken und Tanz …!« (Ps 150,4)

Inhalt

Die Teilnehmenden sollen auf eine besondere Weise mit dem Labyrinth vertraut werden: durch den Tanz. Einige Theorien gehen davon aus, dass das Labyrinth ursprünglich eine Schrittfolge für Tänze war und so festgehalten wurde. Leider gibt es keine wirklich überlieferten Schritte – was aber die Kreativität der Gruppe anspornen kann, selbst Labyrinth-Erfahrungen im Tanz auszudrücken.

Abb. 18: Modernes Labyrinth von Agnes Barmettler
© Labyrinth Project International[1]

[1] Ansichtskarten erhältlich bei: Labyrinth Project International, Postfach, CH-8135 Langnau.

Materialien/Vorbereitung

- Musikanlage, Tonträger
- Pauken, Trommeln o. Ä.

Spiel und Tanz im Labyrinth

Als Einführung zu den Tänzen soll ein kurzer historischer Rückblick dienen. In den gotischen Kathedralen war es im Mittelalter üblich, dass am Osterfest der Dekan tanzend und spielend in das Labyrinth einzog und der Gemeinde einen goldenen Ball zuspielte. Dabei nutzte er in Erinnerung an das österliche Triduum einen Dreischritt (»Tripudium«), der leider nicht überliefert ist. Hingegen ist bekannt, dass zu diesem Schreit-Tanz der österliche Hymnus »Victimae paschali laudes« gesungen wurde. Der Dekan schritt stellvertretend in die Mitte, die Gemeinde tanzte im Reigen um das Labyrinth herum. Der goldene Ball wurde als Symbol der aufgehenden Sonne (vgl. Osternachtliturgie) hin- und hergeworfen. Da die Schrittfolgen nicht erhalten sind, kann man selbst passende entwerfen. Drei mit verschiedenen thematischen Schwerpunkten seien hier vorgestellt:

▶ *»Der Weg des Todes« –*
die Spirale als einfachster Labyrinth-Tanz:

Für diesen Schreit-Tanz nutzt man den vielerorts bekannten Pilgerschritt. Die Teilnehmenden stellen sich im Kreis auf, und der Anleiter zeigt den Pilgerschritt: beginnend mit links den ersten Schritt – der zweite Schritt mit rechts – der dritte mit links als Wiegeschritt (linkes Bein nach vorne setzen – Gewicht darauf verlagern – dann zurückschwingen auf das rechte Bein). Nun drehen sich alle im Kreis nach links und üben diesen sehr einfachen Schritt ein. Um einen gemeinsamen Schritt-Takt zu finden, hilft es, erst mit lautem Zählen und dann mit Klatschen oder Trommeln einen gemeinsamen Rhythmus zu bestimmen. Ist der Schritt eingeübt, kommt der eigentliche Schreit-Tanz. Zu einer ruhigen Musik oder auch schweigend legt man die linke Hand auf die rechte Schulter des Vordermanns. Der Anleiter geht dann auf ein Startzeichen als Erster in der Reihe nach links im Kreis los. Im meditativen Dahinziehen schlägt er nach geraumer Zeit immer kleinere Kreise ein – er läuft also eine Spirale im Uhrzeigersinn. Hier wird es neue Erfahrungen geben, weil man plötzlich Nachbarn, »Wegbegleiter« beim Schreiten hat. Doch werden die Kreise immer enger, bis es irgendwann nicht mehr weiter geht. Die Tanzenden haben sich so lange um sich selbst gedreht, dass sie sich selbst festgefahren haben. Diese Erfahrung lässt sich natürlich gut als »Weg des Todes« im eigenen Leben deuten, als kritische Anfrage an eine »festgefahrene« Gruppe ohne Außenkontakte, als getanztes und – im reinsten Sinne des Wortes – begangenes Schuldbekenntnis. (Nutzt man diesen Tanz im Gottesdienst, so kann man gut auf getragene Kyrie-Lieder in die Spirale ziehen und mit einem entsprechenden Gebet enden.)

- *»Der Weg des Lebens« –*
  österlicher Freudentanz (Dreischritt) durch das Labyrinth:

Hier soll es sich um einen freudigen Tanz handeln, der mit drei mal drei Schritten die Osterfreude der Christenheit ausdrückt. Inwieweit man hierbei einen goldenen Ball als Symbol der in Christus aufgehenden Sonne zwischen den Tanzenden hin- und herwerfen kann, bleibt auszuprobieren und liegt vor allem an den Beteiligten selbst. Dieser Tanz geht gegen die normale Logik der Welt, gegen den Uhrzeigersinn, da er eine neue Zeit symbolisiert: die Zeit der Erlösung durch die Auferstehung. Die Teilnehmenden tanzen also rechts herum, gegen den Uhrzeigersinn, folgende Schritte in Erinnerung an das österliche Triduum: drei Schritte mit rechts beginnend geradeaus (der überzeugte Weg Jesu zu seinem Sterben) – mit links beginnend in drei Schritten eine Drehung (der Abstieg in die Hölle/das Chaos bei Jesu Freunden) – mit rechts als erstem Schritt Ausholen zu einem Freudensprung, den zweiten Schritt »im Sprung«, als dritten Sprung mit beiden Füßen am Boden verharren

(Freude über die Auferstehung). Wichtig bei diesem Ostertanz ist eine der Gruppe entsprechende Auswahl der Musik: Sie sollte freudig sein, aber dem Geschmack der Teilnehmenden entsprechen.

- *»Der Weg zur Vollendung« – symbolische Vollendung des Lebensweges im Zwölfer-Schreit-Tanz:*

Dieser Tanz baut auf der Zahlensymbolik des Labyrinths von Chartres auf. Entsprechend den zwölf Gängen im Labyrinth setzt sich dieser Tanz aus zwölf Schritten zusammen: Da man diesen Tanz sowohl zum Hineinziehen als auch zum Hinausziehen aus dem Labyrinth nutzen kann, beginnen wir links herum, also im Uhrzeigersinn. Mit links beginnend gehen die ersten drei Schritte »vollendet« geradeaus – sie symbolisieren die göttliche Vollendung. Die nächsten vier Schritte bestehen aus einer langsamen Drehung um sich selbst – sie symbolisieren das Schauen in die vier Himmelsrichtungen und deuten so auf die weltliche Fülle hin, die mit dem siebten Schritt erreicht wird. Der achte Schritt (mit rechts) bedeutet eine Neuorientierung auf den richtigen Weg und ist im Ausschwingen der Drehung der nächste Schritt in Tanzrichtung – die Acht als Symbol der Ewigkeit weist nach der weltlichen Vollendung auf eine Neuorientierung des Lebenswegs von ewigem Wert hin. Wie zum Ausdruck von Erstaunen über diese Erkenntnis ist der neunte und zehnte Schritt ein Wiegeschritt, der das Wanken des Menschen vor dem entscheidenden »Schritt in die Ewigkeit« deutlich macht. Doch dann gelangt der Mensch zu der Gewissheit, dass das Böse keine Macht mehr haben soll, dass die Unvollkommenheit besiegt ist, und der Tanzende stampft im elften Schritt laut mit dem linken Fuß auf den Boden. Der zwölfte Schritt ist der schwierigste in diesem Schreit-Tanz – als Zeichen der Vollendung ruht man aus, stellt also den rechten Fuß neben den linken und genießt diesen einen Takt Ruhe. Doch geht es schnell wieder weiter mit dem ersten Schritt vorwärts ...

Musikalische Hinweise

Unseren Ohren, die oft von esoterischen Wohlklängen verwöhnt sind, ist die mittelalterliche Musik meist fremd. Doch sollte für die Schrittfolge die Musik aus der Zeit der Entstehung des Labyrinths benutzt werden: Motetten, Madrigale u. Ä. von Ciconia, Landini oder anderen Komponisten dieser Zeit stimmen entsprechend auf die mystische Welt des Mittelalters ein und vermitteln im Tanz neue – klare und bodenständige – Erfahrungen. Abstand sollte man nehmen von barocken »weichen« Werken wie z. B. dem Pachelbel-Kanon in D-Dur, da sie in ihrer Intention ein anderes Zeit- und Lebensgefühl ausdrücken.

Variationsmöglichkeiten

Möchte man sich auf modernere Art musikalisch auf die faszinierende Mystik des Mittelalters einstimmen und dazu tanzen, dann gibt es inzwischen eine Vielzahl entsprechender Bearbeitungen. Eine sehr einfühlsame Umsetzung alter Weisen für unsere Zeit ist Loreena McKennitt in ihren Einspielungen gelungen. Gerade für Jugendliche ist die CD »The mask and mirror« zu empfehlen. Titel Nr. 1, »The mystic's dream«, führt sehr schön in die mittelalterliche Mystik ein und ist für einen mittelschnellen Schreit-Tanz geeignet. Titel Nr. 6, »Santiago«, greift auf moderne Art mittelalterliche Sequenzen des Pilgerweges nach Santiago de Compostela auf und sorgt für einen beschwingten und freudigen Tanz um das Labyrinth. McKennitt selbst schreibt dazu: »Ich ließ den Blick wie durch ein Fenster ins Spanien des 15. Jahrhunderts schweifen, durch die Schattierungen des Judaismus, Islam und Christentums, und fühlte mich in eine faszinierende Welt entführt!«

Der goldene Ball
Viele Labyrinthe sind rund und symbolisieren so die Einheit, die Vollendung, die Geschlossenheit Gottes und seiner Schöpfung. Der Wunsch, dass es »rund läuft« in unserem

Leben, ist uns auch nicht fremd. Zum Runden aber gehört Bewegung – Kreistänze geben davon ein schönes Bild. Mit jeder Bewegung in unserem Leben stoßen wir an, gibt es einen Abschliff an unseren unliebsamen Ecken und Kanten. Dieser Zuwachs an Erfahrungen ist ein Schritt zur »Vervollkommnung«, zum »Rund-Werden« in unserem Leben. Die goldene Kugel ist das Symbol der Vervollkommnung, des gelungenen Lebens. Sie ist der Schatz, den wir uns im Leben erwerben.

Will man mit der Gemeinde Ballspiele im Labyrinth begehen, so bedarf es einer guten Vorbereitung und Einführung in diese symbolische Denkwelt. Eine sehr gelungene Umsetzung (gerade für Kinder) ist Thomas Brunnhuber gelungen. Die italienische Legende »Der Clown Gottes« wird von ihm mit spielerischen Ideen im Sinne der oben angesprochenen Thematik auf die Weihnachtsgeschichte bezogen.[1]

Der Osterlacher

Bis vor ein paar Jahrzehnten war es noch weiter verbreitet, dass der Prediger am Osterfest einige witzige Ausführungen im Gottesdienst einbauen musste. So sollten die Mitfeiernden zum Lachen bewegt werden, welches die Freude der Auferstehung widerspiegelt. Als Variation dazu bietet sich folgender Kanon an, der mit Taktgefühl und Bewegung auszuführen ist und so zugleich eine Vorstufe zum Tanzen sein kann:

Die Übung kann mit Gruppen beliebiger Größe durchgeführt werden. In der ersten Strophe klatschen alle vier Mal nicht allzu schnell hintereinander. In der zweiten Strophe schlagen sich alle vier Mal auf die Oberschenkel. Die beiden Strophen werden dann hintereinander geübt. Die dritte Strophe besteht aus viermaligem Aufstampfen mit den Füßen. Und schließlich der Osterlacher in der vierten Strophe: »Ha-le-lu-ja« oder einfacher »Ha, ha, ha, ha!« Gelingen die Strophen im gleichen Takt nacheinander, dann kann dieses besondere Osterlied endlich im Kanon probiert

[1] Religionspädagogische Praxis, 2000/1, RPA-Verlag, Landshut.

werden. Dazu bildet man vier Untergruppen, die versetzt nacheinander jeweils mit der ersten Strophe anfangen. So wird die österliche Freude laut hörbar in die Welt gerufen!

Dieses Osterlied greift den Platz des mittelalterlichen Labyrinth-Tanzes an Ostern auf und stellt ein erstes Gewöhnen an eine gemeinsame Taktfolge beim Tanzen dar.

Impulsworte

Der Herr segne dich,
er erfülle deine Füße mit Tanz,
deine Arme mit Kraft,
deine Hände mit Zärtlichkeit,
deine Augen mit Lachen,
deine Ohren mit Musik,
deine Nase mit Wohlgeruch,
deinen Mund mit Jubel,
dein Herz mit Freude.
So segne dich der Herr!
(Altirischer Segen)

»Wenn ich tanze, finde ich meine Mitte, dann bin ich ganz!«
(Unbekannte Indianerfrau)

Die Frommen gehen schnurstracks zu dir
Ich weiche stets ab
Es sind die Tänze der Gräser,
es sind die Pfade der Würmer,
die vielen Spuren der Käfer.
Ich brauche sehr lang zu dir
Warte,
ich komme verträumt.
(Josef Fink)

»Was immer das Leben bringen mag,
vergesst den Tanz der Freude nicht!«
(Reinhold Stecher)

Die geheimnisvolle Bibliothek – Ein Spiel zum Knobeln

»Wir sehen jetzt durch einen Spiegel wie im Rätsel …«
(1Kor 13,12)

Inhalt

Der berühmte Roman »Der Name der Rose« von Umberto Eco kreist um eine Bibliothek voller Geheimnisse. In einem norditalienischen Kloster versuchen William von Baskerville und sein Gehilfe Adson von Melk Licht in eine Serie von Morden zu bringen. Der Schlüssel zur Lösung scheint in der Bibliothek des Klosters, untergebracht in einem großen Turm, zu liegen. Diese Bibliothek ist aber niemandem außer dem Bibliothekar und seinen Gehilfen zugänglich. Gelangt ein Unbefugter dennoch hinein, so wird er durch die verwirrend angelegten Räume und manch andere Raffinessen irregeleitet. Trotzdem haben es die beiden, William und Adson, geschafft, sich geheimen Zutritt zur Bibliothek zu verschaffen. Aber auch sie sind Opfer der zahlreichen Täuschungen in deren Inneren geworden. Bei einem Spaziergang rund um die Bibliothek versuchen sie nun deren labyrinthischen Grundriss zu ermitteln.

Im Spiel entsteht gemäß der literarischen Vorlage das Labyrinth der Bibliothek. Diese Übung eignet sich zur Einübung von Konzentration, Teamfähigkeit und Gruppenarbeit. Die Lösung ist so kniffelig, dass sie kaum von jemandem allein erbracht werden kann. Das Spiel ist geeignet für Jugendliche ab 14 Jahren und Erwachsene.

Materialien/Vorbereitung

- Stifte
- Grundriss der Bibliothek (Abb. 19a)
- Lösung (Abb. 19b)
- Textblatt mit Auszügen aus dem Roman als Kopie für jeden Teilnehmenden (S. 126/127).

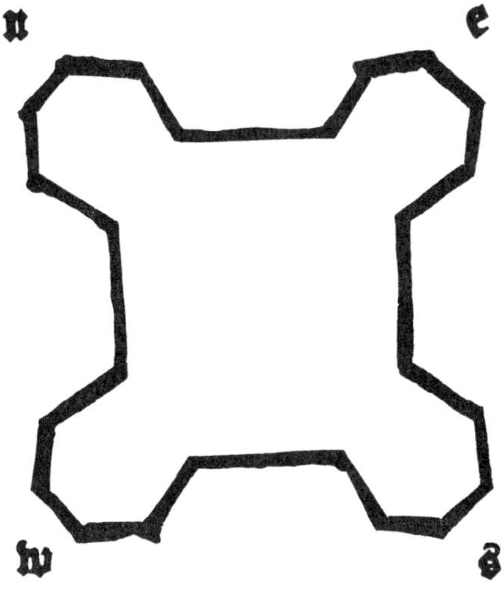

Abb. 19 a: Der Bibliotheksturm. Nach: U. Eco, Der Name der Rose

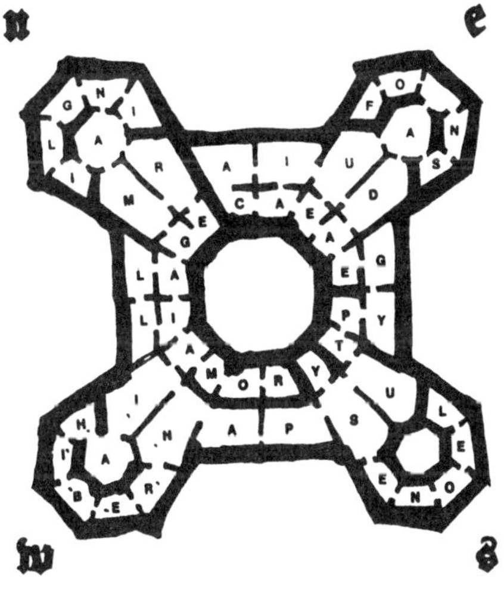

Abb. 19 b: »Die ganze Anlage folgt einer himmlischen Harmonie ...« U. Eco, Der Name der Rose, dtv 1984, S. 411; © Carl Hanser Verlag.

»... Wir werden jetzt nämlich einen Spaziergang um das Aedificium machen ...«
Es war noch hell genug, und so machten wir einen langen Abendspaziergang unter den Mauern des Aedificiums. Das heißt, wir musterten der Reihe nach die Türme im Westen, Süden und Osten sowie die Mauern dazwischen. Der Nordturm, der sich über dem Steilhang erhob, konnte aus Gründen der Symmetrie nicht anders sein als das, was wir sahen.
Und was wir sahen, war ... dass im Oberstock des Aedificiums jede Mauer zwei Fenster hatte und jeder Turm deren fünf.
»Nun überleg mal«, sagte mein Meister. »Jeder Raum, den wir in der Bibliothek gesehen haben, hatte ein Fenster ...«
»Außer den siebeneckigen«, warf ich ein.
»Versteht sich, das waren die Räume im Innern der Türme.«
»Und außer einigen wenigen, die nicht siebeneckig waren und trotzdem keine Fenster hatten.«
»Vergiss sie. Wir müssen zuerst die Regel finden, dann können wir die Ausnahmen zu erklären versuchen. Wir haben also in jedem Turm fünf Außenräume und an jeder Mauer zwei, jeweils mit einem Fenster. Doch erinnere dich, wenn man in der Bibliothek von einem Außenraum mit Fenster ins Innere des Aedificiums geht, gelangt man wieder in einen Raum mit Fenster. Es muss sich also um Fenster zu jenem Innenhof handeln, den man von der Küche und vom Skriptorium aus sehen kann. Und in welcher Form ist dieser Innenhof angelegt?«
»Als Achteck.«
»Sehr gut, und an jeder Seite des Achtecks befinden sich im Skriptorium zwei Fenster. Dementsprechend muss es also in der Bibliothek an jeder Seite des Achtecks zwei innere Räume geben. Richtig?«
»Ja, aber was ist mit den fensterlosen Räumen?«
»Es sind insgesamt acht. Der siebeneckige Innenraum, der sich in jedem Turm befindet, hat jeweils fünf Wände mit Durchgängen, die zu den fünf Außenräumen des Turmes führen. Was liegt hinter den beiden restlichen Wänden? Es

sind weder Außenräume, denn sonst hätten sie Fenster, noch können es Räume zum Innenhof sein, aus demselben Grund und weil sie sonst extrem langgezogen wären. Versuch doch einmal, den Grundriss der Bibliothek zu zeichnen. Du wirst sehen, dass es bei jedem Turm zwei Räume geben muss, die einerseits an den siebeneckigen Innenraum angrenzen und andererseits an zwei Räume mit Fenstern zum Achteck ...«

Ich versuchte es, entwarf den Grundriss nach den Angaben meines Meisters uns stieß einen Freudenschrei aus. »Jetzt wissen wir alles! Lasst mich mal zählen ... Ja, die Bibliothek hat sechsundfünfzig Räume, vier siebeneckige und zweiundfünfzig mehr oder minder quadratische, von denen acht fensterlos sind, während achtundzwanzig nach außen gehen und sechzehn nach innen!«

»Und die vier Ecktürme haben jeder fünf Räume mit vier Wänden und einen mit sieben ... Die ganze Anlage folgt einer himmlischen Harmonie, der sich vielerlei tiefe und wundersame Bedeutungen zuordnen lassen ...«

»Großartig, wie Ihr das herausgefunden habt«, sagte ich bewundernd. »Aber warum ist es dann so schwer, sich darin zu orientieren?«

»Weil die Anordnung der Durchgänge keinerlei mathematischem Gesetz entspricht. Manche Räume gestatten den Durchgang zu mehreren anderen, manche nur zu einem, und vielleicht gibt es sogar welche, die gänzlich verschlossen sind. Wenn du das bedenkst, das und den Mangel an Licht und die Unmöglichkeit, sich am Sonnenstand zu orientieren (und dazu die Spiegel und die Visionen), dann begreifst du leicht, warum das Labyrinth imstande ist, jeden Eindringling zu verwirren, der es mit Schuldgefühlen betritt ...«

(Aus: Umberto Eco: Der Name der Rose. Aus dem Italienischen von Burkhard Kroeber. © 1982 Carl Hanser Verlag, München–Wien, S. 276–278)

Durchführung

Das Textblatt enthält das Gespräch zwischen William und Adson. Alle nötigen Informationen, um das Geheimnis der Bibliothek zu lösen, sind darin enthalten. Der beiliegende Grundriss stellt die Außenmauern des Klosterturms dar, in dem sich die Bibliothek befindet. Zusätzlich sind die Himmelsrichtungen angegeben. Aufgabe der Spieler ist es, gemeinsam in Gruppen das Geheimnis des Labyrinths zu lüften. Gewonnen hat, wer alles richtig und als Erster die Lösung hat.

Variationen

Parallel zur lösenden Gruppe kann es eine kleine Beobachtergruppe geben, die notiert, wie die entsprechende Gruppe zur Lösung gekommen ist. In der anschließenden Reflexion lassen sich wertvolle Hinweise auf das Zusammenwirken der Gruppe und ihre Strukturen erarbeiten.

Zur Vereinfachung kann man in den Grundriss schon einiges einzeichnen, so etwa den achteckigen Innenhof und die symmetrisch angelegten Fenster. Dies erleichtert die Orientierung und erspart verwirrende Zeichnerei.

Die Preisfrage zum Abschluss könnte lauten, ob es sich hier streng genommen überhaupt um ein Labyrinth handelt.[1]

1 Da Eco bewusst diese Figur des Labyrinths in sein Buch aufgenommen hat, haben wir uns erlaubt, an dieser Stelle einen kleinen Ausflug in die Welt des Irrgartens, der die Bibliothek aufgrund der mehreren Wegmöglichkeiten ja tatsächlich ist, zu unternehmen.

Der Weg nach innen – Labyrinthe zur Lebensdeutung

Lehrer: »Ich will dir ein Symbol vorstellen, in dem du leben und beten lernen kannst. Sieh es dir an. Such mit dem Finger den Weg in die Mitte. Du kannst den Lebensweg eines Menschen erfahren, der die alltägliche Welt verlässt, um durch eigenständiges Fragen, Denken und Handeln an den Wendepunkt zu kommen. Du gerätst in ein Gewirr von Gängen, die immer neu in Sackgassen zu enden scheinen. Manchmal glaubst du, die Mitte erreicht zu haben und gleich darauf sieht es so aus, als ständest du erneut am Anfang. Es ist ein Gehen und Suchen und Suchen und Gehen über Jahre. Alles kommt darauf an, nicht aufzugeben, nicht zurück zu wollen, sondern trotz aller Irrgänge die Mitte anzustreben. Denn Mitte heißt hier neues Leben.«[1]

Das Labyrinth von Meschede – Mein Lebensweg im Labyrinth

»Aus der Tiefe rufe ich, Herr, zu dir …« (Ps 130,1)

Inhalt

Anhand des vorgelegten Labyrinths (Abb. 20: Labyrinth aus der »Oase« in der Abtei Königsmünster in Meschede; vgl. Rückseite dieses Buches) sollen die Teilnehmer dazu angeregt werden, den eigenen Lebensweg mit seinen Höhen und Tiefen zu reflektieren, ihn symbolisch darzustellen und sich mit anderen darüber auszutauschen. Dabei wird ent-

[1] H. Halbfas, Der Sprung in den Brunnen, 34 ff. © Patmos Verlag, Düsseldorf 1981.

Abb. 20: P. Michael Hermes OSB, Labyrinth aus der »Oase« in der Benediktinerabtei Königsmünster in Meschede

gegen der Tradition nicht ein Weg hinein und hinaus betrachtet, sondern der Weg beginnt im Innersten und führt hinaus »ins Weite«.

Materialien/Vorbereitung

- Bild (Buchumschlag, Rückseite) auf Overheadfolie übertragen
- Folienstifte, Overheadfolien, Projektor
- Musikanlage, CD »Arbos« (ECM) oder »De profundis« (harmonia mundi) von Arvo Pärt
- Postkarten des Labyrinths von Meschede[1]
- Das Labyrinth von Chartres (Abb. 6) auf Overhead-Folie übertragen

[1] Zu beziehen über: Benediktinerabtei Königsmünster, 59872 Meschede.

Durchführung

Gemeinsame Entdeckungstour

Das Labyrinth aus Meschede wird mit einem Overhead-Projektor an die Wand geworfen.

Zur Einstimmung singen alle gemeinsam ein Lied. Für Jüngere eignet sich gut: »Exodus – Weg aus der Dunkelheit: Ich will raus aus der Nacht, die unfrei macht.«[1] ; für Ältere »Aus der Tiefe rufe ich zu dir, Herr Gott …« (Gotteslob, Nr. 163).

Danach werden die Teilnehmenden aufgefordert zu benennen, was sie sehen. Dabei achtet der Anleiter darauf, dass noch nicht gedeutet, sondern das Gefundene nur beschrieben wird. Die Nennungen werden einzeln auf Karten geschrieben und an einer Wand gesammelt. Werden keine Beobachtungen mehr geäußert, so können die Teilnehmenden Überschriften vorschlagen, um die gesammelten Kärtchen zu sortieren (beispielsweise Gegenstände, Personen, Schriftzüge/Worte, Symbole …). Im dritten Schritt werden die einzelnen Beobachtungen gedeutet – die Teilnehmenden entdecken die tiefere Bedeutung und eventuelle Zusammenhänge der verwendeten Bilder.

Besinnungsübung

Der Anleiter lädt alle zu einer Besinnungszeit über das Entdeckte ein. Dabei gibt er eine kurze Einführung über die Besonderheit dieses Labyrinths, in welchem der Weg in der Mitte anfängt (mit der Geburt) und mit dem Verlassen des Labyrinths endet (mit der »Wiedergeburt«). Folgendermaßen kann er zur musikalischen Besinnungszeit einleiten:

Auf diesem Weg – eingeklemmt zwischen Geburt und Tod – befinden wir uns alle. Doch der gesamte Weg ist auf dem goldenen Hintergrund zu sehen – unser Leben spielt sich vor Gott ab, er hält alles Leben in seinen Händen. Und so rufen die Menschen seit alters her aus allen Lebenslagen, aus den tiefsten Nöten wie aus jubelnder Freude, immer wieder zu ihm. Der Ruf des Menschen zu Gott blieb und bleibt nicht unbeantwortet –

[1] DPSG, Georgsverlag, Neuss.

es ist ein immer währender Dialog aus der Tiefe (»De profundis«) zu Gott »in der Höhe«. Dies hören wir jetzt in der Komposition »De profundis« von Arvo Pärt; wir stimmen uns ein in diesen Dialog der tiefen und hohen Stimme, die immer näher aufeinander zukommen. Wir entspannen uns, lassen dabei aus der Erinnerung Bilder unseres eigenen Leben hochkommen und gehen ihnen in Gedanken nach …

Reflexion des eigenen Lebens
Jetzt teilt sich die Gesamtgruppe in vier Kleingruppen auf. Die Teilnehmenden haben in einem ersten Schritt die Möglichkeit, in Einzelarbeit in der Kleingruppe persönliche Erlebnisse und Erfahrungen zu vergegenwärtigen. Impulse dazu bieten die folgenden Leitfragen, die der Anleiter mit genügend zeitlichem Abstand vorliest:

- Was weiß ich von meiner Geburt? Welche Gefühle verbinde ich damit? War ich ein Wunschkind?
- Welche Rolle spielte meine Mutter in meiner Kindheit, welche Rolle mein Vater?
- War ich viel allein oder hatte ich rege Kontakte mit Geschwistern oder Freunden?
- Welche vier Personen waren prägend für mein Leben bisher?
- Wann war mein Weg versperrt, wann ging er gar nicht mehr weiter? Wo hatte ich freie Bahn?
- Welche Lebensweisheit, welches Sprichwort ist mir besonders lieb geworden?
- Auf welche Begegnungen auf meinem Lebensweg freue ich mich besonders, welche fürchte ich?
- Auf welchem Hintergrund, auf welcher Basis begehe ich eigentlich meinen Lebensweg?
- Was kommt, wenn mein Lebensweg zu Ende ist?

Im zweiten Schritt bekommt jede Kleingruppe die Aufgabe, je ein Viertel eines »leeren« Labyrinths (Vorlage: Chartres; Abb. 6) auf Overheadfolie zu gestalten und eigene Erlebnisse hineinzumalen. Beim Gespräch über die persönlichen Erfahrungen ist darauf zu achten, dass niemand dazu gedrängt wird, mehr zu sagen, als er will.

Zusammenstellen eines neuen Labyrinths
Zum gegenseitiges Vorstellen der Ergebnisse kommt die Gesamtgruppe wieder zusammen. Die selbst gestalteten Quadranten werden von den Kleingruppen vorgestellt, und so wächst das gemeinsame neue Labyrinth. Verständnisfragen sind dabei erwünscht, jedoch sollte keine Diskussion über die inhaltliche oder künstlerische Gestaltung der Werke erfolgen.

Wunsch für den Lebensweg
Als Abschluss teilt der Anleiter Postkarten vom Labyrinth aus Meschede aus, auf deren Rückseite jeder Teilnehmer für eine andere Person einen Wunsch für den weiteren Lebensweg formulieren soll. Wie man zu der jeweiligen Person kommt, ist der Gruppe überlassen, sollte aber auf jeden Fall organisiert geschehen, damit auch alle einen Wunsch erhalten. Beispielsweise könnte man einen Abschlusskreis bilden, der sich nach der »Erfahrung des Lebensweges« – also nach dem Alter – ordnet. Alle schreiben dann ihren Wunsch für den linken Nachbarn. Soll es eher geheim geschehen, kann man per Losverfahren einen Namen ziehen oder – mehr bewusst – per Streichung auf einer Namensliste Zuordnungen finden.

Variationsmöglichkeiten

Elemente des Labyrinths von Meschede
Hier werden einige mögliche Deutungen und Umsetzungsimpulse angeführt. Alle diese Elemente und neu gefundene können natürlich auf kreative Weise umgesetzt und in einem großen Labyrinth eingebaut werden:

- *1. Personen*
  - Kind in der Mitte: Weihnachtsgeschichte, Taufe, Berufung, Lebensaufgabe, Anfang
  - Tote Menschen: Volkstrauertag, Unglück, Krieg
  - Menschen mit gebeugten Häuptern und Lasten: Exodus, Flucht, Asylproblematik
  - Drei Menschen (im Feuer?): Widerstand, Überzeugung, Selbstbewusstsein (vgl. Daniel 3)

- Zusammengekauerter Mensch: Niedergeschlagenheit, Ausweglosigkeit, Resignation (vgl. 1Kön 19,4: Elija unterm Ginsterstrauch)
- Zwei Menschen im Streit: Konflikte, Gewalt, Machtmissbrauch, Schuld (vgl. Gen 4,8: Kain und Abel)
- Eine Frau im Hellen – Mann im Dornengestrüpp
- Mann, der aus dem Fisch kommt: Auferstehung, Leben nach dem Tod (vgl. Jona 2/Mt 12,40)
- Vier Personen am Rand (s. u.)

• 2. *Symbole*
  - Veronikas Schweißtuch
  - Stein auf dem Weg
  - schmaler, wendiger Pfad
  - Ketten
  - Dornen
  - Hammer und Nägel
  - Kelch und Schlange
  - Kreuze
  - dorniger, enger Weg
  - Laubblätter
  - Blüte
  - Einengungen
  - Totenköpfe
  - Wasserwellen
  - Drache
  - Spuren auf dem Weg
  - Dornenkrone
  - Zweige
  - Wasserkrug und Brot
  - Judenstern und zwei Gesetzestafeln
  - Masken
  - Fisch

• 3. *Worte*
  - »abba«: Mk 14,36; Röm 8,15; Gal 4,6
  - »Er zog aus, ohne zu wissen, wohin«: Abrahams Berufung und Wanderschaft (Gen 12)

- »Eli, Eli, lema sabachtani«: Mt 27,46; Ps 22,2
- »Ich bin die Mitte – ich bin die Liebe«: Heilige Hildegard von Bingen: »Scivias – Wisse die Wege!«
- »Die Höhen der Tiefe durch Abstieg ersteigen«: Heiliger Benedikt von Nursia
- »Meinen Weg hat er verbaut, ich kann nicht weiter«: Das unbegreifliche Verhalten Gottes (Hiob 19,8)
- »Auschwitz«: Konzentrationslager

»Spuren im Sand«
Als Meditationsübung zum Lebensweg mit Bildern oder Symbolen eignet sich gut die bekannte Geschichte von den »Spuren im Sand«.[1] Sie setzt natürlich eine gewisse Glaubenserfahrung und reflektierte Gottesbeziehung voraus.

Die Weisheit der Fischer

> In einer brasilianischen Basisgemeinde von Fischern stellte jemand die Frage: »Warum suchte Jesus einen Fischer wie Petrus aus, um ihm die Leitung der Kirche anzuvertrauen?« Die Antwort: »Wer sich zu Land bewegt, baut eine Straße und asphaltiert sie. Dann wird er immer wieder diesen Weg benutzen. Ein Fischer aber sucht die Fische dort, wo sie sind. Deshalb sucht er jeden Tag einen neuen Weg. Ihm kommt es darauf an, die Fische ausfindig zu machen. Es kann ja sein, dass der Weg von gestern nicht zu den Fischen von heute führt!«

---

1 Margaret Fishback Powers, Spuren im Sand. Als Postkarte, Faltkarte, Poster, Bildband, Tagebuch (mit Entstehungsgeschichte) im Brunnen-Verlag, Gießen.

Den eigenen Lebensweg ertasten

»… vom Mutterschoß an bist du mein Beschützer …« (Ps 71,6)

Inhalt

Über das Symbol Labyrinth soll eine kreative Auseinandersetzung mit dem eigenen Lebensweg ermöglicht werden.

Im Dom der Stadt Lucca (Italien) findet sich in der Vorhalle an der Wand ein Labyrinth. Es ist so geschaffen, dass der Weg in die Mitte hervortritt, die Trennwände sind herausgemeißelt. Die Linien sind heute schon deutlich geglättet – ein Hinweis darauf, dass schon viele Besucher des Domes mit ihren Fingern den Weg in die Mitte ertasteten. So kam den Betrachtern dieses alte Symbol für den eigenen Lebensweg spürbar nahe. In den vielen Wendungen waren eigene Höhen und Tiefen des Lebens nachzuspüren.

Dieser kreative Baustein lädt dazu ein, dem eigenen Lebensweg auf die Spur zu kommen. Höhen und Tiefen, Wendungen und Wandlungen werden in die Labyrinth-Vorlage eingearbeitet. Im Rückblick auf das eigene Leben werden Stationen des Lebensweges erinnert und zugleich kreativ dargestellt.

Materialien/Vorbereitung

- Geeignete Räumlichkeiten für das Arbeiten mit Ton suchen
- Utensilien zum Arbeiten mit Ton bereitstellen
- Labyrinth aus Lucca auf Folie bzw. als Dia allen zugänglich machen
- Labyrinth-Form aus Kreta. Diese Form bietet sich zur kreativen Nachgestaltung an, da sie in ihrer Grundstruktur relativ einfach aufgebaut ist und Platz lässt für eigenen Gestaltungsspielraum.

Abb. 21: Labyrinth aus dem Dom zu Lucca, Toskana (um 1200)

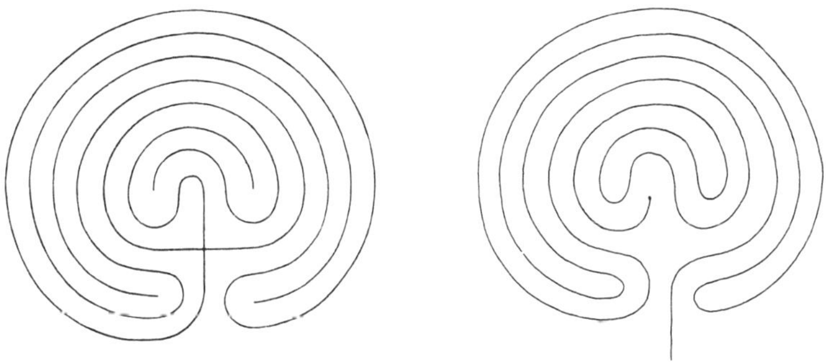

Abb. 22: Schema des Labyrinths des kretischen Typs.
Rechts: Ariadnefaden als Weg durch das Labyrinth (nach H. Kern)

Durchführung

Einleitend wird auf die Verbindung des Labyrinths zum eigenen Leben verwiesen. Die Labyrinth-Darstellung aus Lucca kann hier der Veranschaulichung dienen.

Vorbereitend zur kreativen Umsetzung sollte eine Konzentrationsübung bzw. Phantasiereise stehen.

Die Teilnehmer(innen) liegen oder sitzen entspannt und mit geschlossenen Augen.

So wie ich heute hier bin, war ich nicht immer. Einen langen Weg habe ich bereits zurückgelegt … Die ersten Abschnitte sind meiner Erinnerung entzogen. Meine Geburt, die ersten Kinderjahre … In welche Familie und Situationen wurde ich hineingeboren? Welche Gesichter haben mein Leben in dieser Zeit geprägt? Ich nehme mir Zeit, um Gesichter, Personen lebendig werden zu lassen …

So um das dritte Lebensjahr herum setzen meine Erinnerungen ein. An welches Ereignis kann ich mich als Erstes erinnern? …Wo lebe ich mit der Familie? In Gedanken gehe ich durch die Zimmer der Wohnung oder des Hauses. Einige Zimmer liegen im Dunkeln, andere sehe ich ganz deutlich vor mir …

Kindergarten … mein erster Schultag … Gibt es Schulfreunde und Lehrer aus dieser Zeit, an die ich mich erinnere? Mein Schulweg?

Feste werden in der Familie gefeiert: meine Geburtstage, vielleicht die Erstkommunion … Welche Bilder kommen mir in den Sinn?

Langsam ändere ich mich, mein Körper. Ich komme in die Pubertät … Konflikte mit Eltern und Lehrer prägen die Entwicklung meines Selbstwertgefühls und Eigensinns …

Erste Beziehungen werden geknüpft. Im siebten Himmel schweben und zugleich bitterbös enttäuscht zu werden, blieb vielleicht nicht aus …

Schulwechsel … Berufswahl … Studium … Partnerwahl … Wohnortwahl … Menschen, die meinen Lebensweg verlassen (Tod, Trennung, Abschied) …

Stationen dieses Lebensweges werden in die Labyrinth-Form hineingearbeitet. Das so entstehende Lebenslabyrinth kann nach dem Brennen ertastet werden, bleibt spürbar.

Arbeiten in Ton
Am Ende der Arbeiten können die Vorstellung des eigenen Werkes und der Austausch darüber stehen.

Variationen

Die Arbeit mit Ton bietet sich an aufgrund der Haltbarkeit und der Möglichkeit, den so gestalteten labyrinthischen Lebensweg tatsächlich zu ertasten. Es ist natürlich auch möglich, das Labyrinth aus einem weichen Stein (Ytong oder Speckstein) herauszuarbeiten oder in eine vorgegebene Form mit Legematerialien hineinzulegen bzw. auf Stoff oder Papier zu malen.

Zwerg Nase – Ein Märchen vom Großwerden

»Iss nur dieses Süppchen, dann hast du alles, was dir an mir so gefallen.« (Wilhelm Hauff, Zwerg Nase)

Inhalt

Anhand des Märchens von W. Hauff, das die körperliche und geistige Wandlung vom Kind zum Erwachsenen in märchenhaften Zügen beschreibt, werden eigene Wandlungsprozesse im Leben, vor allem der Schritt zum Erwachsenwerden, beleuchtet.

Das Labyrinth war immer auch ein Bild für den menschlichen Lebensweg, speziell für den Vorgang der Geburt, aber auch der Selbstwerdung. Es ist »Bild des geistigen Zur-Welt-Kommens, ein Sinnbild der Emanzipation und der Selbstwerdung«,[1] wie Jaskolski betont. Er gibt den Ratschlag, dass »Mütter, Väter und andere Erzieher ... das Labyrinth als Erinnerungszeichen und Denkbild vor Augen haben [sollten], damit sie fähig werden, den jungen Menschen im rechten Augenblick von sich zu *entbin-*

1 Jaskolski, 60.

den und unbeschadet *zur Welt zu bringen.*«[1] Es ist eine »Zusage des Gelingens, eine Ermunterung, den Weg ins Freie zuversichtlich zu gehen.«[2]

Menschliche Entwicklung, früher Ent-wickelung, im wahrsten Sinn des Wortes steht an. »Der Weg der Entwicklung ist nichts anderes als der Ariadnefaden, der zum Labyrinth so notwendig gehört wie der Minotauros.«[3]

Das Märchen vom jungen Jakob, der durch Zauberspruch und Kräutlein der Hexe in einen unansehnlichen Zwerg verwandelt wird, zeigt auf konkrete Weise diesen Prozess der Menschwerdung. Über den langen Umweg seines Verzaubertseins gelingt ihm schließlich die Befreiung in die Selbstständigkeit. Nicht alles an diesem Weg ist schlecht: So lernt er, weise mit den körperlichen Gebrechen anderer umzugehen; er wird aufmerksam für die Welt um ihn herum; er lernt, sich durchzusetzen, sich Zutritt zu verschaffen in die abgeschlossene Welt des herzöglichen Hofes, und schließlich wächst in ihm das Vertrauen auf die eigenen Fähigkeiten. Er bleibt nicht selbstmitleidig stehen, sondern macht sich auf den langen Weg, dabei auf seine Talente, vor allem die unnachahmliche Kochkunst, vertrauend. Wie das Leben so spielt, gibt es hier natürlich auch Rückschläge, selbst solche, die er aus eigenem Können und Wissen heraus nicht meistern kann. Ihm wird deutlich, dass nur mit Vertrauen auf andere – hier die weibliche Gans (!) – die größten Schwierigkeiten des Lebens überwunden werden können. Im Umgang und in der Auseinandersetzung mit dem anderen Geschlecht – verkörpert durch die verzauberte Gans – gelingt ihm die Befreiung zu seinem wahren, herangereiften Ich.

Zahlreiche Verbindungen zur Situation Heranwachsender ergeben sich leicht. So ist diese Übung für Jugendliche ab 13 Jahren geeignet. Aber auch mit Erwachsenen könnte sie im Rahmen einer »Erinnerungsarbeit« an den eigenen Weg zum Erwachsenwerden durchgeführt werden.

---

1 Ebd.

2 Ebd.

3 Jaskolski, 62.

Abb. 23: Die Stadt Scimangada (nach Candolini)

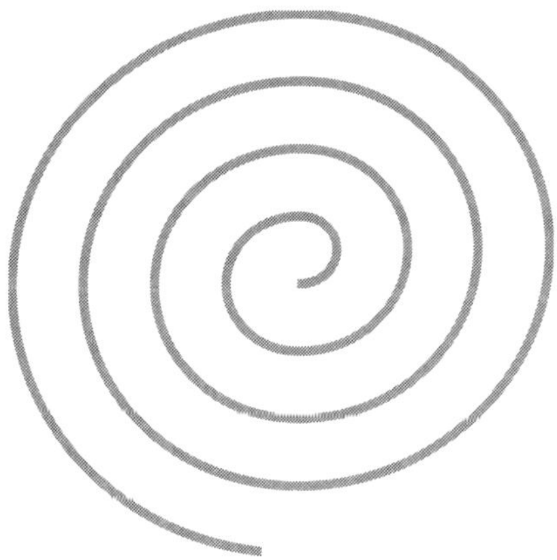

Abb. 24: Spirale der Entwicklung im Märchen (M. Wolf)

Materialien/Vorbereitung

- Kopiervorlagen des Labyrinths erstellen: Die Stadt Scimangada – Ein Labyrinth zur Verortung im eigenen Leben. Dieses Labyrinth soll den Gundriss einer nepalesischen Stadt wiedergeben. Es hat die Form einer Tür. Gerade diese Türform macht es für die nachfolgende Übung geeignet. Es kann die Tür ins Leben symbolisieren, die durch die persönliche Entwicklung immer weiter aufgetan wird.

- Textvorlage des Märchens vom Zwerg Nase
  Das Märchen vom »Zwerg Nase« findet sich in den meisten Märchensammlungen von Wilhelm Hauff. Als besonders geeignet hat sich die Ausgabe bei Patmos (1996) erwiesen. Sie ist in heutigem Deutsch verfasst und mit ansprechenden, phantasievollen Bildern von Regine Heinecke versehen.
- Spirale zur Klärung der Entwicklung innerhalb des Märchens

Durchführung

Erarbeiten der Erzählung

Der Wandlungsprozess des Zwergen wird in Form einer einfachen Spirale nachgezeichnet. Jede der Wandlungsstufen wird genau in dieser Spirale verortet (mit Kärtchen oder an der Tafel oder auf Folie; siehe hierzu die Vorlage im Materialteil.)

Im zweiten Schritt wird erarbeitet, durch welche äußeren Einflüsse die jeweilige Verwandlung verursacht wurde. Der dritte Schritt schließlich zeigt den Prozess der Namensänderung während des Märchens auf (Jakob, Zwerg Nase ...). Die abschließende Frage könnte lauten, wie der Name des Jungen am Ende lauten wird. Das Märchen gibt uns hierüber keine Auskunft. Heißt er wieder »Jakob«? Ist dieser »Jakob« mit dem Jakob des Anfangs identisch?

Verbindung zum eigenen Leben – ein Schreiblabyrinth

Merkmale der eigenen Wandlung (körperliche, seelische, geistige) werden gesammelt. Eine einfache Labyrinth-Darstellung (s. o., Vorlage, Abb. 24) dient als Raster, diese Wandlungspunkte zu verorten. Sie werden an die entsprechenden Stellen gemalt oder geschrieben. Hierbei entsteht, ähnlich einer Schreibmeditation, ein Schreiblabyrinth des eigenen Lebens.[1] Entwicklungslinien bzw. Erfahrungen des eigenen Lebens werden in den Gang des Labyrinths hineingeschrieben bzw. bilden den Weg in die Mitte. Die Vorlage muss eine entsprechende Größe aufweisen, damit gut in den Weg hineingeschrieben werden kann.

In einer Vorstellungsrunde werden die Labyrinthe zum Lesen reihum gegeben. Der beschwerliche Richtungswechsel beim Lesen kann die vielen Mühen andeuten, denen der Mensch in seiner Entwicklung im Leben unterworfen ist.[2]

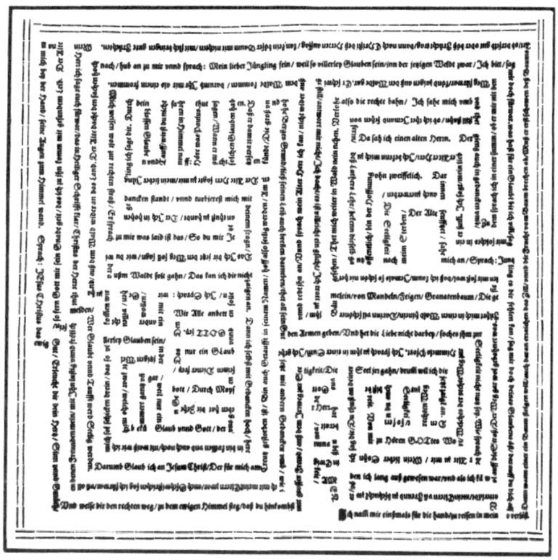

Abb. 25: Schreiblabyrinth aus dem 18. Jahrhundert (Herzog-August-Bibliothek, Wolfenbüttel, Cod. Guelf. 39.7 Aug 2°, f 745)

Variationen

Wie bereits angedeutet, lässt sich dieser Baustein natürlich auch für die bewusste Erinnerung Erwachsener an ihre Le-

---

[1] Solche Schriftlabyrinthe gibt es tatsächlich. Vergleiche hierzu im Detail die Ausführungen bei Kern, 306 ff.

[2] Vgl. hierzu Kern, 306.

bensphase des Heranwachsens verwenden – bei Eltern etwa, die mit der Adoleszenz der eigenen Kinder konfrontiert sind, oder bei Menschen, die sich auf den Prozess der Selbsterfahrung einlassen.

Sollte der Akzent stärker auf der Wandlung durch die Annäherung der Geschlechter liegen, ist vielleicht die Vorlage von Randoll Coate aus Värmlands Säby in Schweden geeignet. Diese Vorlage enthält die Motive Welteneis, Paradies, Lebensbaum sowie Adam und Eva. Es handelt sich allerdings um einen Irrgarten.[1]

Die sieben Schmerzen Mariens – Freud' und Leid im Labyrinth

»Dir selbst … wird ein Schwert durch die Seele dringen.«
(Lk 2,35)

Inhalt

»Freude und Hoffnung, Trauer und Angst der Menschen von heute« sollen im eigenen Lebensweg bedacht und benannt werden. Ausgehend von der Sieben-Zahl der leidvollen Erfahrungen Mariens sollen die Teilnehmenden Freud' und Leid in ihrem Leben nachgehen und sie auf dem Weg einer Spirale ablegen – ablegen im doppelten Sinn: durch Symbole selbst diesen Weg gestalten, aber auch durch eigene Reflexion besser mit diesen Erfahrungen leben können.

Materialien/Vorbereitung

- Plakat, Labyrinth-Kopien, Stifte
- Musikanlage, ruhige Musik
- Kerze, Teelichter, Steine, Klebeband oder Kreide zum Auftragen einer Spirale auf dem Boden

[1] Siehe die Vorlage bei Kern, Abb. 656, 448.

Abb. 26: Achteckiges Labyrinth. Gotische Kathedralen (Amiens 1288 / St. Quentin 1495)

Durchführung

Einstieg »Lebens-Weg«
Um die Beziehung zwischen dem Bild des Weges und dem eigenen Leben in der Vielschichtigkeit besser herstellen zu können, werden die Teilnehmenden aufgefordert, Wortverbindungen und Synonyme zum Begriff »Weg« zu nennen und auf ein großes Plakat zu schreiben. Beispiele: Straße, Rollbahn, Brücke, Pfad, Rennbahn … steiler Weg, steiniger Weg, breiter Weg, Luftweg, Seeweg … Fahrweg, Gehweg, Klettersteig, Schnellstraße, Einbahnstraße … Umweg, Abweg, Irrweg, Pilgerweg, Handelsweg … Tugendpfad, Weg in die Verderbnis, Weg des geringsten Widerstands …

»Freude und Hoffnung, Trauer und Angst«
Nach dem Bewusstmachen der Unterschiedlichkeit verschiedener Wege folgt jetzt die Verbindung mit dem eigenen Lebensweg. Der Anleiter hängt zu dem Plakat mit den Weg-

formen nun eine große Kopie des achteckigen Labyrinths. Ausgehend von den »Sieben Schmerzen Mariens« werden an die sieben Seiten nun folgende, gut lesbare Kärtchen dazugeklebt: »Unverständnis, Flucht, Verlust, Schmerz, Tod, Trauer, Abschied«. Je nach Gruppe kann dabei auf die Tradition der »Sieben Schmerzen« eingegangen werden.

Freude und Leid in meinem Leben
Der Anleiter teilt nun die Kopien des Labyrinths aus und fordert die Teilnehmenden auf, bei ruhiger Musik zu allen sieben Seiten des Labyrinths jeweils eine Erfahrung von Trauer und Angst aus dem eigenen Leben aufzuschreiben. Ist dies geschehen, lädt der Anleiter alle ein, zu den Erfahrungen von Trauer und Angst auch die von Freude und Hoffnung zu notieren. Je nach Gruppe ist vor Beginn der Übung der Hinweis angebracht, dass die persönlichen Notizen nicht veröffentlicht werden müssen. Sind alle damit fertig, folgt der dritte Schritt. Der Anleiter bittet die Teilnehmenden, nochmals das Labyrinth mit den notierten Erfahrungen der Freude und des Leids zu betrachten und an der achten Seite, dem Ein- und Ausgang, eine »Lebensweisheit« zu benennen:

> *»Dies kann ein Sprichwort, ein Bibelzitat, eine mir persönlich lieb gewordene Aussage oder sonst etwas sein – diese Lebensweisheit‹ sollte einen besonderen Wert in meinem Leben haben, sie sollte wie ein Schlüssel zum Ein- und Ausgang meines Lebens verstanden werden.«*

Lebensweg Spirale
Die Spirale als einfachste Form des Labyrinths ist durch Kreide oder Klebestreifen auf dem Boden angedeutet. In der Mitte steht eine größere Kerze. Die Teilnehmenden werden jetzt diese Spirale selbst legen – entstehen lassen aus ihren eigenen Erfahrungen. Dazu benötigen alle jeweils sieben Steine und sieben Teelichter. Der Anleiter fordert sie auf, nacheinander links herum (im Uhrzeigersinn) auf dem »Weg des Todes« in die Spirale hineinzuschreiten und an

sieben Punkten einen Stein auf den Kreidestrich zu legen – für sich selbst diese traurige Erfahrung zu benennen und sie auch einmal liegen zu lassen. In der Mitte ist die Möglichkeit, einen Moment zu verweilen und hier die gefundene Lebensweisheit zu benennen: für sich selbst oder laut und vernehmlich für alle. Mit dieser Hilfe soll der Teilnehmende dann sein erstes Teelicht anstecken und den »Weg des Lebens« rechts herum aus der Spirale antreten. An sieben Stellen kann er so seine freudigen Erfahrungen durch die brennenden Lichter verewigen.

Segenslied
Sind alle wieder aus der Spirale zurück, hat diese selbst Gestalt angenommen und zeugt – ohne viele Worte – von der »Freude und Hoffnung, Trauer und Angst der Menschen von heute«. Abschließend kann man die gemachten Erfahrungen in einem Segenslied zusammenfassen, beispielsweise mit dem gesungenen altirischen Segenswunsch: »Möge die Straße uns zusammenführen …«

Variationsmöglichkeiten

Bildbetrachtung
Gerade für ältere Menschen, die mit dem Begriff der »Sieben Schmerzen Mariens« noch vertraut sind, ist eine Bildbetrachtung und/oder Andacht zu den biblischen Stellen eine gute Einführung (vgl. Gotteslob, Nr. 783, Abschnitt 6).

Betrachtung im Gottesdienst
Verwendet man diese Übung in einem Gottesdienst, so kann man als Variante Steine und Lichter auf dem Weg in die Spirale aufstellen – auf dem bisherigen Lebensweg – und in der Mitte statt der Kerze ein Weihrauchschälchen aufstellen. Dort können die Mitfeiernden symbolisch dann die »schlechten« Erfahrungen verbrennen, die »guten« Erfahrungen Gott aber als Dankopfer in Form des Weihrauchs darbringen. So gestärkt und entlastet, ist dann der neue Teil des Lebensweges leichter anzutreten.

Zeitschnur
Nicht nur der eigene Lebensweg kann als Labyrinthweg an einer »Schnur« aufgereiht werden, sondern auch biblische Wege: Das Volk Israel im Exodus mit vielen schmerzlichen und freudigen Begegnungen; der Weg Jesu selbst mit Höhen und Tiefen oder auch der Weg der Kirche mit allen Freuden und Verfehlungen.

In einer adventlichen Vorbereitung kann man beispielsweise mit Kindern den Weg von Abraham bis zur Geburt Jesu Christi als »Zeitschnur« darstellen. Auf einen entsprechend langen Faden knüpft man kleine Perlen für zehn Jahre und 20 große Perlen für jeweils 100 Jahre. Diese Schnur kann man zuerst im Schulhof oder im Schulflur, im Gemeindezentrum oder in der Kirche auslegen. Wichtige Figuren aus dem Alten Testament, besonders freudige und traurige Ereignisse können gebastelt und dazugestellt werden. Am Ziel dieser Zeitschnur steht dann die Krippe von Bethlehem. Im zweiten Schritt stellt man die Krippe an einen besonderen Ort und legt die Zeitschnur mit den Figuren labyrinthartig um sie herum. So wird diese ungewohnte Interpretation des Alten Testamentes im »adventlichen« Sinne sehr überzeugend und bildlich klar.

Das Leben – ein Labyrinth oder Irrgarten?
Gerade im Rückblick auf das eigene Leben kann nicht jeder das Symbol des Labyrinths entdecken. Oft scheint das Leben mehr einem Irrgarten zu gleichen. Solche Eindrücke können gerade bei dieser Übung zum Tragen kommen. Die folgende Reflexion eines 16-jährigen Firmlings gibt dies gut wieder:

> »Wir haben im Firmunterricht mittlerweile alle die Besonderheiten des Labyrinths kennen gelernt. Als die Aufgabe gestellt wurde, einzutragen, an welcher Stelle des Labyrinths man sich zu welcher Zeit befunden habe, fand ich das sehr schwer. Es gab nämlich keine klare Definition des Labyrinths. Sollte die Mitte die Firmung sein oder das Leben – und wo befindet man sich im Leben, wenn die Mitte der Tod ist? Aber selbst wenn das klar gewesen wäre, mein

Leben lief bestimmt nicht wie dieses vorgegebene Labyrinth auf dem Papier! Jeder Lebensweg ist anders und somit auch einzigartig! Außerdem: Wer ist nicht schon mal in eine Sackgasse gelaufen? Einen Weg gegangen, der plötzlich, so wie er war, nicht weiterging – so dass man sich einen anderen suchen oder sogar erst mal ein Stück zurück musste?
Wenn mein Leben das Labyrinth ist und das Ziel Gott, so weiß ich doch, dass ich auf jeden Fall dort ankomme. Ich muss nicht darüber nachdenken, was um mich herum oder was mit mir selbst passiert. Solange ich mich nur irgendwie fortbewege, werde ich in der Mitte ankommen, bei Gott. Aber wird uns nicht gesagt, wir sollen uns Gedanken machen? *Denken*!? Selbstständig unseren Weg gehen? Warum, wenn ich doch weiß, dass es immer weitergehen wird?
Aus diesem Grund ist das Labyrinth für mich kein gutes Symbol für das Leben. Eher passt ein Irrenhaus oder ein Irrgarten, aus dem man erst mal seinen eigenen Weg herausfinden muss, an jeder Weggabelung entscheiden muss, wohin man gehen will! Selbst erfahren, ob diese Entscheidung mich weiter gebracht oder zurückgeworfen hat. Stehen bleiben, wenn man mit dem zufrieden ist, wo man sich befindet. Das ist schließlich die eigene Entscheidung!«

Möge dein Licht meinen Weg erleuchten!
Möge dein Weg über den Himmel für mich glatt verlaufen!
Wenn dein Aufgang gut für mich ist,
möge dein Untergang siebenmal besser für mich sein.
Du schöner Mond der Jahreszeit,
du große Lampe voll Anmut!
Gott, der dich erschuf, schuf mich ebenfalls;
Gott, der dir Gewicht und Licht gab, gab mir Leben und Tod
und die Freude der sieben Genugtuungen.
Du große Lampe der Anmut,
du schöner Mond der Jahreszeit.
(Altirischer Segen zu Neumond)

Literaturverzeichnis

In den Fußnoten werden die Namen der Autoren und die entsprechenden Seitenzahlen genannt. Sollten von einem Autor mehrere Werke zitiert werden, so findet sich eine Kurzangabe des Titels.

Balthasar, H. U. von, Theodramatik, Endspiel, Band 4, Johannes-Verlag, Einsiedeln 1983.

Beutler, J., Nachfolge Jesu auf dem Weg. Unveröffentlichtes Vorlesungsmanuskript, Frankfurt 1988.

Bruners, W., Und die Toten laufen frei herum. Ein Begleiter durch die österliche Zeit, Patmos, Düsseldorf 1994.

Candolini, G., Das geheimnisvolle Labyrinth. Mythos und Geschichte eines Menschheitssymbols, Pattloch, München 1999.

Eco, U., Der Name der Rose. Roman, dtv, München 1986.

Gehe den Weg der Liebe. Im Labyrinth des Lebens. Ohne Autorenangabe, Verlag Ernst Kaufmann, Lahr 2000.

Grün, A., Verwandlung. Eine vergessene Dimension geistlichen Lebens, Matthias-Grünewald-Verlag, Mainz 1999.

Halbfas, H., Der Sprung in den Brunnen. Eine Gebetsschule, Patmos, Düsseldorf 1981.

Halbfas, H., Das dritte Auge. Religionsdidaktische Anstöße, Patmos, Düsseldorf 1982 (Auge).

Halbfas, H., Religionsbuch für das 4. Schuljahr – Lehrerkommentar, Patmos, Düsseldorf 1986 (Lehrerkommentar).

Halbfas, H., Religionsbuch für das 4. Schuljahr, Patmos, Düsseldorf 1986.

Müller, J., Pastoraltheologie – Ein Handbuch für Studium und Seelsorge, Styria, Graz 1993 (Handbuch der Pastoraltheologie).

Hauff, W., Heinecke, R., Der Zwerg Nase, Patmos, Düsseldorf 1996.

Jaskolski, H., Das Labyrinth – Symbol für Angst, Wiedergeburt und Befreiung, Kreuz, Stuttgart 1994.

Kehl, M., Eschatologie, Echter, Würzburg 1988.

Kern, H., Labyrinthe. Erscheinungsformen und Deutungen. 5000 Jahre Gegenwart eines Urbildes, Prestel, München 1982. (Dieses Standardwerk ist mittlerweile in einer preiswerten Sonderausgabe zu haben.)

Kirchhoff, H., Urbilder des Glaubens: Labyrinth – Höhle – Haus – Garten, Kösel, München 1988.

Limbeck, M., Stuttgarter Kleiner Kommentar Neues Testament 2, Markus-Evangelium, Katholisches Bibelwerk, Stuttgart 1983.

Liturgische Institute Salzburg, Trier, Zürich, Grundordnung des Kirchenjahres ... (GOKJ).

Misereor, »Ein Jahr, das Gott gefällt« – Arbeitshilfen zum Misereor-Hungertuch, Aachen 2000.

Oelkers, J. / Wegenast, K. (Hg.), Das Symbol – Brücke des Verstehens, Stuttgart, Berlin, Köln 1991.

Ovid, Metamorphosen, Liber VIII, dtv, München 1997.

Postman, N., Keine Götter mehr. Das Ende der Erziehung, Berlin-Verlag 1995.

Rahner, K., Schriften zur Theologie IV, Benziger, Einsiedeln 1960.

Rotzetter, A., Gott, der mich atmen lässt – Gebete des Lebens, Herder, Freiburg 1994 (Gebete).

Rotzetter, A., Spirituelle Lebenskultur für das dritte Jahrtausend, Herder, Freiburg 2000 (Spirituelle Lebenskultur).

Schilling, K., Symbole erleben. Glauben erfahren mit Hand, Kopf und Herz, Katholisches Bibelwerk, Stuttgart 1998.

Spiekermann, H., Der Gotteskampf. Jakob und der Engel in Bibel und Kunst, Theologischer Verlag Zürich 1997.

Splett, J., Symbol, in: Rahner, K. (Hg.), Herders Theologisches Taschenlexikon, 1973, 188–192.

Tillich, P., Gesammelte Werke, Bd. VIII, de Gruyter, Berlin (u. a.) 1995.

Weidinger, N., Elemente einer Symboldidaktik. Religionsunterricht an beruflichen Schulen, Band 1 und 2, 1991.

Zink, J., Die goldene Schnur. Anleitung zu einem inneren Weg, Kreuz, Stuttgart 2000.

Zulehner, P. M. (u. a.), Pastoraltheologie, Band 2: Gemeindepastoral, Patmos, Düsseldorf 1995.

Zweites Vaticanum, 11. Oktober 1962–8. Dezember 1965, Konstitution »Sacrosanctum Concilium« … (SC).

Weitere Informationen, Materialien und Anregungen zum Thema Labyrinth sind auch über die internationale »Labyrinth Society« erhältlich (P.O. Box 144, New Canaan, CT 06840-0144, USA. Im Internet unter: www.labyrinthsociety.org; E-Mail: labsociety@aol.com).

Interessante Hinweise finden sich auch unter www.begehbare-labyrinthe.de